金融大地震とインフレの大津波

未来予測への挑戦 II

本間 裕
Homma Yutaka

社会評論社

はじめに

私は２００９年に『未来予測への挑戦』という本を上梓したが、この時、金融論とサイクル論に関してはほとんど理解できたものと考えていた。つまり、お金の謎や信用創造の仕組み、あるいは、金融システムや通貨制度のメカニズムについて、ほぼ間違いのない理論が完成したものと考えていた。そして、後はサイクル論の応用により今後の予測が可能になることを想定していたが、実際には想定外の事態が発生し、サイクル論が未完成だったことに気付かされたのである。

そのために今回は、２００９年以降どのような事が起きたのかを、詳しく説明することによりサイクル論の微調整を行いたい。また、世界的な金融大戦争の実態を明らかにすることにより、どれほど無謀な事が世界の金融界で起きていたのかについても詳しく述べさせていただくが、このことは次のアインシュタインの予言についての私なりの理解である。

「第三次世界大戦がどのような兵器で戦われるのかは、私は知らない。しかし第四次世界大戦ならわかる。それは石と棒とによるものである」

現時点で私が考えていることとは、「第三次世界大戦」が世界的な金融大戦争だった可能性である。つまり、私は第三次世界大戦がすでに起きていたと考えているが、この時に使われた兵器が旧来の武器ではなく、実はお金だったと感じている。

しかも実際に始まったのは２００１年の９・１１事件だったが、問題はその後の展開だった。目に見えない戦争が行われていたために、ほとんどの人が戦争が起きていたことに気付かなかったのである。

第一次世界大戦や第二次世界大戦は、軍事力を用いた殺し合いや奪い合いだった。この時には、目に見える悲惨な戦いが起きた事により短期間で戦争が終了した。つまり、人々は極度の緊張感に耐えきれず早期の戦争終結を望んだが、今回の金融大戦争は戦争の存在そのものが気付かれなかったのである。

別の言葉では、お金が人々の欲望や生活と深く結びついていたために、お金が戦争の兵器になるという点は全く理解不能だったようである。そして私自身も、金融戦争の存在には気付きながらも、アインシュタインの予言を読むまでは、第三次世界大戦が起きていた可能性については全く認識できなかった。しかし今までの推移を観察し、世界各国の金融情勢を考えると、改めて第三次世界大戦が起きていたという思いを強くせざるを得ないのである。

本書では、２０１４年１０月７日にＦＴ（フィナンシャル・タイムズ）で報道された「デリバティブのルール変更」を説明しながら、「第二のリーマン事件」を考えてみたい。この事件をきっかけにして金融大地震が起き、インフレの大津波が我々を襲うことが予測される。時間はほとんど無くなった。できるだけ多くの人々が現状をよく理解し、大混乱期を生き残ることを心から望む次第である。

２０１４年１２月

本間　裕

金融大地震とインフレの大津波

未来予測への挑戦（Ⅱ）

＊目次＊

序章　実体経済とマネー経済

■国債と金とを巡る金融大戦争

過去10年以上にわたり、中国やインド、あるいはロシアなどの国々が、金（ゴールド）を大量に買い付けている。この理由は世界の通貨制度や金融システムに関する不安感だったが、私自身もまさかこのことが第三次世界大戦であるとは考えもしなかった。そして1971年のニクソンショック以降の信用本位制だけを考え、間もなく通貨制度や金融システムの崩壊が起きると予測していたが、過去数年間を振り返ると、まさに第三次世界大戦だったのではないかと考えざるを得ないのである。

２００７年のサブプライム問題や２００８年のリーマンショックについては、マネー理論やサイクル論によって簡単に予想ができた。しかし問題はその後の展開だった。「量的緩和（ＱＥ）」という言葉が使われ、世界各国の中央銀行が大量に国債を買い付けたが、この時に行われた事はまさに世界的な金融コントロールとも言える状況だった。金利のみならず、為替や株式、貴金属の価格までもが人為的に操作された。これは、過去の歴史では考えられないような事態だったのである。

■大膨張したマネー経済

このような異常事態に際して、マスコミの報道は大本営的な発表に終始した。そしてほとんどの人が実情を知らされなかったが、学者の意見も実体経済だけの研究に留まっていた。つまり、世界のＧＤＰが約５０００兆円であり、世界のマネーは約１０京円にのぼるという異常な状態にあることを理解せず、単に実体経済だけ研究すれば世の中の動向が理解できると考えていたのである。

しかし「相場は世の鏡」と言われるとおりに、実体経済とマネー経済との両方を理解しない限り株価や為替の予測はできない。このために、ほとんどの経済学者や専門家が的外れの意見

【実体経済とマネー経済】

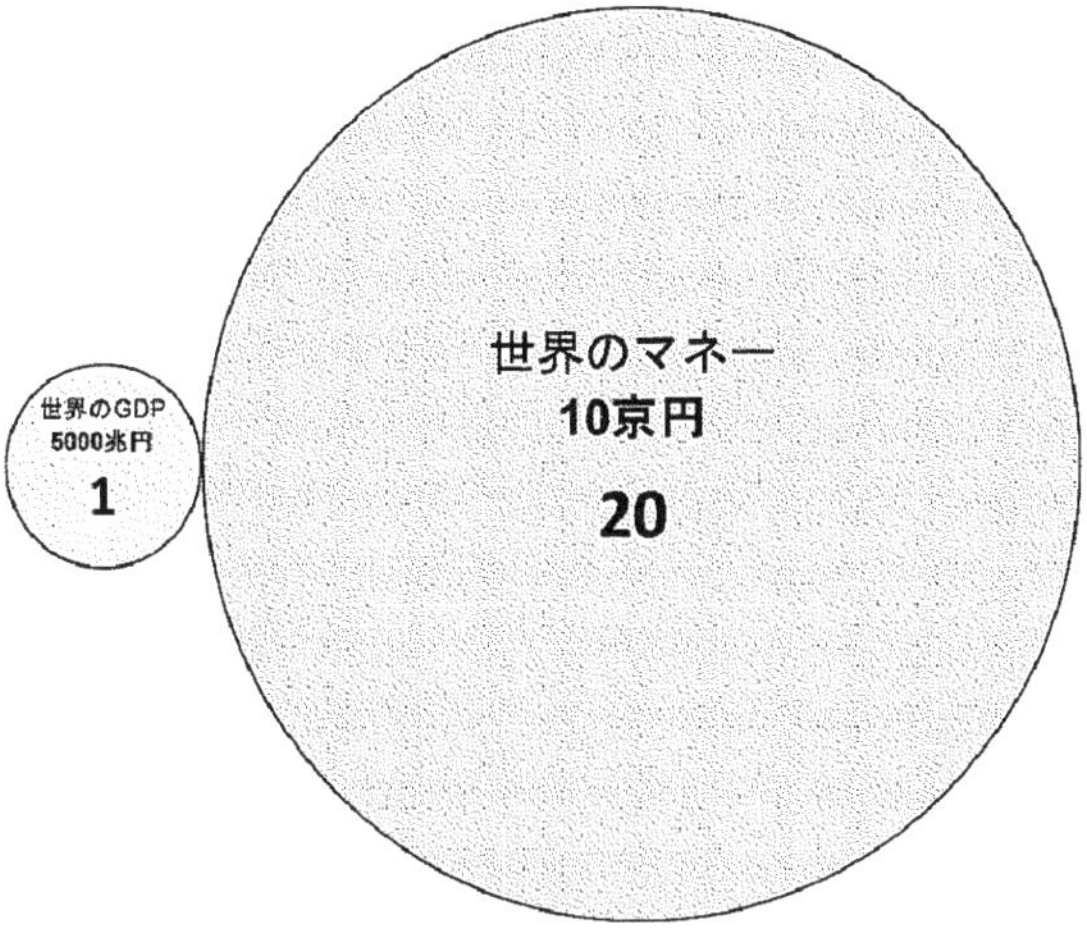

や予測に終始した。その結果として、「失われた20年」が発生し、日本はいつの間にか世界の先進国の座から滑り落ちようとしていたのだった。

■史上最大の堕落を経験した日本人

戦後、史上最大の高度経済成長を遂げた日本人は、その後、史上最大の堕落を経験した。これが日本凋落の最も大きな原因である。現在では全家計の3割以上が、預金ゼロの状態となっている。また、日本の国家債務は1000兆円を突破した。この数字はGDPの2倍以上にのぼり、歴史的に見てもほとんど例がないほどの膨大な金額となっている。

しかし多くの日本人は国家の債務問題を軽視し、依然として預金神話に縛られている。預金を持っていれば人生は安泰だと考えている。だが実際は、預金そのものが影も形も存在しない単なる数字へ変化してしまった。銀行に存在する紙幣は約10兆円の規模にすぎず、約1600兆円の個人の金融資産や約860兆円の預金を引き下ろそうとしても、実際には預金に見合うだけの紙幣が存在しないのである。

■「裸の王様」の状態となった現代の通貨

信用創造は人々の信用や錯覚が基底にある。この点を基にして現在の金融システムや通貨制度が成り立っている。つまり『裸の王様』の物語と同様に、我々は影も形も存在しない通貨を過度に信用しているのである。実際には集団幻想であるが、どのようなものでも人々が信用する限り通貨として通用するのである。

この事実を理解するためには、最低でも過去100年間の通貨制度の歴史を理解する必要があるが、残念ながら現在の経済学ではこの点が抜け落ちている。しかもほとんどの人がお金儲けだけを考え、お金とは一体どのようなものかを考えない状況となっている。今後の本当の金融混乱に際しては、世界中の人々が「お金の謎」や「通貨の歴史」などを熟慮せざるを得なくなるものと思われる。

■「ペーパーゴールド」対「フィジカルゴールド」

その時に初めて、中国やインドなどが大量に金（ゴールド）を買い付けていた理由がはっきりと理解されるものと、私は考えている。つまり過去数年間に起きた金融大戦争によって、大量の金（ゴールド）が西洋から東洋の国々へ移行したが、この時に起きた事は「フィジカルゴールド」と「ペーパーゴールド」との戦いでもあった。

西洋諸国がペーパーゴールドという数字上の金を売り叩き、中国やインドなどの国々がフィジカルゴールドという現物の金を大量に輸入した。その結果として、現在ではアメリカのフォートノックスにある金の保管庫には現物の金が存在しないとも疑われている。この点は今後、金融大戦争が終了した時に、全てが明らかになるものと考えている。

つまり、世界中の人々が「王様は裸だ」と叫ばざるを得ない時期が、間もなく訪れることが想定される。この点を理解するためにも、やはり過去１００年間に起きた通貨制度の変遷を考える必要性が存在するのである。

■三種類の金本位制と信用本位制

金本位制には「金貨本位制」と「金地金（じがね）本位制」、「金為替本位制」の三種類が存在する。今から８０年ほど前の１９３３年のアメリカでは、金貨が貨幣として使用されていた。その後は実体経済の成長と増大する貨幣需要により、金貨が没収されて中央銀行が金の地金を保有し、紙幣を発行する金地金本位制へ変化した。しかしそれでも増大する資金需要に追い付かなかった。

そのために１９４４年にブレトンウッズ会議が開催され金為替本位制に変更されたが、これはアメリカだけが金地金本位制を採用し、その他の国々は為替によって米国ドルと連動する通貨制度を意味した。そしてこの時には、当然のことながら為替の固定相場が採用されたが、時代とともにこの制度も行き詰まりを見せ、結果として通貨と金とを切り離すという金融市場最大級の事件である「１９７１年のニクソンショック」へと繋がったのである。

ここで人類史上初めての規模で通貨と金との関係性が絶たれた。だが本来「お金」は、その文字が表すとおり、金（ゴールド）がすなわちマネー（お金）であるという時代が、約６０００年前から継続していた。通貨が発明されてから約６０００年にわたり、金が通貨として使用されてきたのである。そして現在、６０００年の歴史を信用するか、それとも１９７１

年以降に増殖した、影も形も存在しない現代の通貨を信用するのかが、現代人に問われているのである。

■日本の奇跡的な高度経済成長

なぜこのような変化が起きたのかについては、私自身も長く悩まされたことだった。基本的には、戦後の高度経済成長がその理由として挙げられる。特に日本の場合は、世界の奇跡と呼ばれるほどの高度経済成長が起きた。１９５５年に８・６３兆円だった名目ＧＮＰ／ＧＤＰが、その後１９７０年に約７５兆円、そして１９９５年には約４９０兆円という規模にまで膨れ上がったのである。

つまり４０年間で約６０倍というスピードで経済が成長した。この時に、経済が成長するのは当たり前だという認識の変化が起きた。それまでは「経済は成長しないものだ」ということが人々の常識だった。しかも経済が成長しない時にマネーの総量が増えると、通貨価値の下落（インフレ）が起きるということだったのだ。

■ドイツのハイパーインフレ

　19世紀においてインフレは、「風船を膨らませる」という意味で使われていた。現代的な意味でのインフレは、「通貨価値の下落」である。つまり、100円でどれだけの商品が買えるのかというように、通貨の交換価値において買える商品の減少が通貨価値の下落を意味していた。

　しかし1923年に起きたドイツのハイパーイ

本当のインフレとは？

年　月	為替（＝1ドル）マルク	備　考
1914年7月	4.2	戦前
1919年5月	13.5	戦後
1919年12月	46.8	
1920年1月	64.8	
1920年6月	39.1	
1920年7月	39.5	
1921年7月	76.7	
1922年6月	320	
1922年7月	493.2	
1923年1月	17,972	ルール占領
1923年7月	353,412	
1923年8月	4,620,455	
1923年9月	98,860,000	
1923年10月	25,260,280,000	
1923年11月	4,200,000,000,000	レンテンマルク発行

「ビジュアル世界史」（東京法令出版2000年）ほか

パンの価格

年　月	価格（マルク）
1923年1月	250
1923年2月	389
1923年3月	463
1923年4月	474
1923年5月	482
1923年6月	1,428
1923年7月	3,465
1923年8月	69,000
1923年9月	1,512,000
1923年10月	1,743,000,000
1923年11月	201,000,000,000
1923年12月	399,000,000,000

『世界の歴史教科書シリーズ・西ドイツ』より

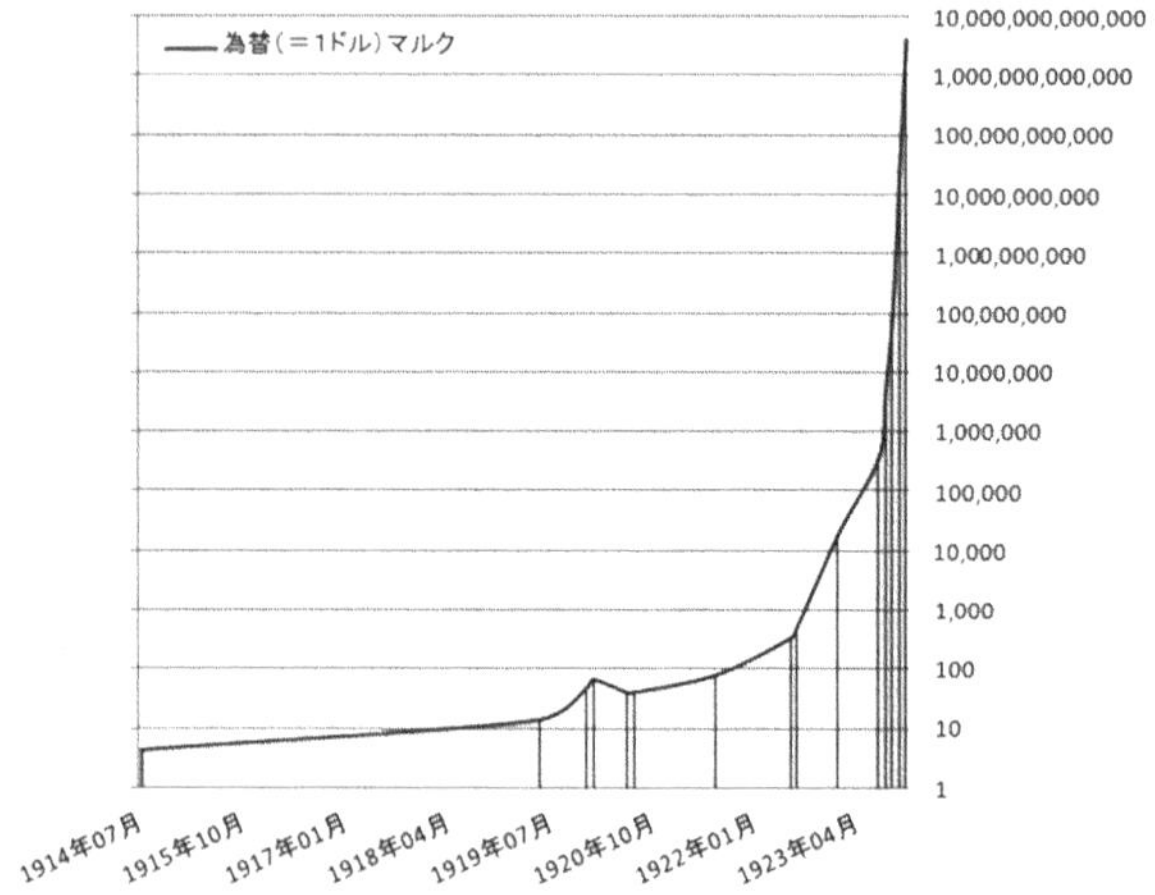

ンフレを見て、人々の考えは大きく変化した。具体的には、1923年の5月に482マルクだったパンの値段が、その後、12月には約4000億マルクにまで大暴騰したのである。そしてこの時から、インフレが経済用語として使われるようになった。本来は、これほどまでの物価急騰がインフレの意味することだったのである。

■大恐慌の真因

当時の人々はハイパーインフレの原因を理解することができなかったが、基本的にマネーの膨張が通貨価値の下落に繋がることは理解していた。1850年前後のゴールドラッシュなどにより、金（ゴールド）や銀（シルバー）の流通量が増えると物価上昇が起きることは、彼らにとって経験済みの事実だった。しかし一方で、当時徐々に力を付けていた銀行業に関しては、ほとんど理解ができなかったのである。

その結果として、インフレに繋がるマネーの膨張だけに目が向き、銀行が連鎖倒産した時に初めて、どのような悲惨な事が起きるのかが分かった。それまで未経験のために理解できないままの状況下で、歴史上、唯一の1929年大恐慌が発生した。つまり、第一次世界大戦で被害を受けなかったアメリカが経済的な成功を収め、これによって大量の金（ゴールド）が流入したのだが、この時に政府は引き締め政策を実行したのである。

具体的には、大量の金を保有しながらも必要な資金を市場に供給しなかった（金の不胎化）。その結果として民間銀行の連鎖破綻が世界的に起きたのである。政府が健全でありながら、インフレを恐れて金融引き締めを実施し、世界的な銀行の連鎖倒産を招いたというのが、歴史上、唯一発生した１９２９年の大恐慌の原因だったのである。

■第二次世界大戦と中東の原油

１９２９年の大恐慌の後、世界経済はきわめて悲惨な状況に陥ったが、回復のきっかけとなったのは第二次世界大戦だった。戦争によって大量の物資が消費され、世界の国々は戦時下の好景気の状況となった。特にアメリカは第一次世界大戦時と同様に、自国は戦争の被害を受けることなく景気回復の恩恵を受けることができたのだった。

１９５０年前後のアメリカは、世界のＧＤＰの半分程度を占めるほどの経済大国となった。そしてこの時に中東の大油田が発見され、戦後の世界経済を成長させる大きな要因となった。それまでに開発されていたいろいろな技術が開花し、未曽有の規模で、世界的な高度経済成長が実現されたのである。

■マネー大膨張の原因は意識変化にあった

戦後に起きたことは、経済成長に対する認識の変化だった。「ケインズ革命」と言われている。この意識変化が行き着いた先は、経済は成長しなければならないという経済認識であり、経済成長のためにはどのような政策でも実施するという行動だった。

そしてこの意識変化と通貨制度の変更が組み合わさった結果として、マネーの大膨張が発生した。現在では、前述のとおりに、マネー経済の規模が実体経済の約20倍という異常事態になっているのである。

これは経済の金融化のことであるが、実は過去の歴史で頻繁に見られた現象でもあった。しかし今回の問題は、国家債務や700兆ドル（約8・4京円）ものデリバティブ（金融派生商品）の「借金爆弾」が破裂した時に、全ての先進国が財政破綻や債務不履行の危機に瀕する恐れがあり、資本主義自体が危機的状況に陥っているのである。換言すると、デリバティブを中心にした行き過ぎた金融資本主義が、完全に行き詰りの状態になっている。しかし、未だにほとんどの人はこの事実を知らされていないのである。

■デリバティブの誕生と発展

２００７年から２００８年にかけて、デリバティブの大膨張は止まった。デリバティブが誕生したのは、今から３０年ほど前の１９８０年代初頭のことである。最初は金利や為替のスワップから始まったが、これは為替取引や金利取引のリスク軽減に主な目的があった。外国為替の取引において、将来的な価格変動を防いだり、金利の変動に関して将来的な損失を防いだりするために、新たな金融商品が考案されたのである。

しかしその後、金融商品そのものがカジノ化し、残高が大膨張する変化が起きた。１９８０年代初頭にゼロだったデリバティブの残高が、１９９５年には約３０００兆円、そして、２０００年には約８０００兆円、２００７年には約８京円という規模にまで大膨張したのである。つまり、本来は貿易に関する為替取引のリスク軽減が目的だったものが、実際には為替デリバティブなどの金融商品に変化し、実際の貿易とは関係なく残高が大膨張したのである。

■ソ連の崩壊と中国の台頭

また、この時に重要な点は１９９１年に起きたソ連の崩壊と、その前後から起き始めた中国の台頭だった。大膨張した金融経済に支えられて発展した西側諸国の対極で、出遅れたソ連が崩壊し東西の冷戦構造が終了した。そしてその後は、かつての社会主義国や共産主義国までもが資本市場に参加してきたが、その結果としてマネーの大膨張に加速がかかることとなったのである。

本来、お金の性質として、参加者が増えれば増えるほど全体の残高が増えるという点が指摘できる。つまりマネーの基本は信用であり、どのような時代、どのような国においても信用する人が増えれば増えるほど、マネーの残高が伸びるのである。しかも今回は、グローバリズムという言葉のとおりに、世界中の人々がマネーを求めて金融市場に参加した。その結果起きた事が、前述のとおりに実体経済の約２０倍というマネーの大膨張だったのである。

■２００７年からの金融混乱

どのような現象にも必ず限界点が存在するということが天地自然の理であり、この点については今回のマネーの大膨張も例外ではなかった。そして過去の経験則のとおりに、末尾に「７」の付く年である２００７年にサブプライム問題が発生した。また、その翌年の２００８年には、１００年に一度と言われたリーマンショックが起きた。この時の問題点は、多くの人が実情を誤解したことにあった。

すなわち、多くの人が大恐慌の再来を危惧したのだが、この点には大きな誤解が存在したのである。ほとんどの人がいまだに原因が解明されていない1929年の大恐慌の再来を予想したが、実際には民間銀行の不良債権ではなく、国家の債務問題を最も重視すべきだったのだ。

換言すると、この時に起きていた事は通貨制度や金融システムの崩壊的危機であり、西側諸国が1991年のソ連と同様の危機的な状態に陥りかねない大問題だった。1800年頃から始まった資本主義そのものの行方が問題になっていたのである。

■アメリカの量的緩和

リーマンショックの後、私自身は「大恐慌は発生しない」「より深刻な問題はインフレである」と訴え続けてきた。そして実際に起きた事は、バーナンキ議長による量的緩和（QE）だった。具体的には中央銀行のバランスシートを大膨張させて、国債を買い付ける方法だった。しかしこれは典型的なリフレーション政策（通貨膨張政策）と呼ばれ、過去のインフレや国家崩壊時に頻繁に実行されていた方法だったのである。

過去100年間に、30か国以上の国々がハイパーインフレ（超インフレ）に見舞われた。

この点を深く分析すると、ほとんどの場合、国家の財政破綻である国家債務の行き詰りに原因があったことが見て取れる。つまり膨大な国家債務が存在し、税収で資金繰りが賄えなくなった時に国家財政が破綻したのである。最近では１９９５年のアメリカが、この危機に遭遇しており、この時、救いの神となったのが前述のデリバティブだったのである。

■信用創造と資金の収奪

お金の性質として、信用創造ができる主体は創られた富の恩恵を受けるという点も挙げられる。具体的には、中央銀行が紙幣を発行する場合、保有している金（ゴールド）以上に紙幣が発行でき、超過分の富を私有化できる。これはかつてゴールドスミス（金匠）と言われた人々が発見した事実だった。預かった金よりも多くの保管証が実際には発行でき、多くの富を得ることができたのである。

また、現在の銀行も同様の状況だが、預金という形の信用創造を行って多くの富を得ることができた。そしてこの点に関する極め付けの金融商品が、現在のデリバティブだった。前述のとおりに約８京円もの残高を創り出すことによって多くの富を得ることができ、結果としてアメリカの財政破綻が救われたのである。

■日本の富は、どうなったのか？

しかし一方で、日本においてはこの時に富の相対的減少が起きた。２０００年当時の世界では全体のマネー残高が約１京円という状況であり、この時に約１６００兆円の日本人の個人金融資産は全体の約１６％の規模だった。ところが現在では、全体が約１０京円にまで急増しながら、個人の金融資産はほとんど変化せず、全体に占める割合は実に約１・６％にまで急減しているのである。

つまり１９９７年からのゼロ金利政策、そして「失われた２０年」による景気低迷によって、世界における日本の立場は急速に低下した。しかし「堕落した日本人」は預金神話に縛られ、世界の金融界でどのような事が起きていたのかがほとんど理解できなかった。日本人の金融に対する無関心が原因で、これほどまでのマネーの大膨張が起きたのだが、現在の日本の国家債務や超低金利政策を見ていると、これからの日本人はいったいどうなるのかと考え込まざるを得ない状況である。

■3・11の大震災

２００７年から２００８年にかけての金融混乱は、私のサイクル論のとおりに展開した。問題は、その後の量的緩和にあった。つまり、私自身は過去の経験則から1年半から2年で量的緩和が終了すると考え、その後はギャロッピング・インフレからハイパーインフレに移行することを想定していたが、これが過去のリフレーション政策の時に起きた事だった。しかも、２０１１年の３月１０日前後に金融大地震、すなわち金融に関する大事件が起き、その後にインフレの大津波が到来するものと考えていた。

しかし実際に起きた事は３・１１の大震災であり、１０００年に一度の大津波だった。そしてこの時に気付かされたことが、「海千、山千」の本当の意味だった。中国の故事によると、海で千年、山で千年修行した龍が、千年に一度の大津波の後に金龍となって表れるという。この金龍の出現によって世の中が救われるというのである。

■3・11と9・11の謎

２０１１年３・１１の震災と、その後のタイの水害を見ることにより、私は以前から疑問に

【3・11と9・11の謎】

2001年	2011年
二つの人災	二つの天災
3・11 バーミヤン遺跡の破壊	3・11 海津波
9・11 ワールドトレードセンター	9月 タイの山津波

思っていた2001年9・11事件の意味について、はっきり理解できたようにも感じた。2011年の3月に海津波が起き、その年の9月に山津波が起きることが、以前から、数霊や言霊で予言されていたのではないかということである。

2001年に二つの人災が起きた。3・11にバーミヤン遺跡で神の象徴である二つの巨大な石仏が破壊された。その後9・11には、お金の象徴であるツインタワーが崩壊した。そして、このことは、後で述べる現在の「金融ツインタワー」が崩壊することを、前もって知らせていたのである。

より詳しく述べると、3・11が意味したことはその逆数である2011年の3月であり、また、9・11は2011年の9月だった。そしてこの時、二つの天災が起きた事により、将来の金融ツインタワーの崩壊を予言していたようだが、問題は崩壊の時期が何時なのかということであり、私自身もこの点に最も悩まされたのだった。

■天災と人災

古来、東洋学で語られていることは天災と人災との関係性である。天災は天からの警告であり「天災の後に人災が訪れる」とも述べられている。そして「人心が歪むと天の気が歪む」とも考えられ、その結果として天災が起きやすくなるのである。つまり本当の原因は人々の「心持ち」にあるのだが、実際にはマネーの大膨張が人々の心理状態を変化させていたのである。

西洋の時代においては、人間が自然を征服することが基本的な正義と考えられていた。そしてお金儲けのためには、自然を破壊しても構わないということが、資本主義社会が導いた帰結だった。しかし、これからの東洋の時代においては自然との共生が基本的な考え方となり、お金儲けよりも徳のある人間が尊敬されるものと考えている。

■「神」と「お金」

聖書に「汝は、神とお金の両方に仕える事が出来ない」という言葉がある。実際のところ、人々の望むものは時にはお金であり、別の時には神であることを意味している。そしてこのことを、文明法則史学の８００年サイクルに当てはめると、西暦１２００年から西暦２０００年までが「お金の時代」であり、西暦400年から西暦1200年までが「神の時代」だったことが見て取れる。

これからの800年間は、再び東洋の時代が訪れることが想定されるが、この時に重要な点は、世の中は常に進歩している事実を理解することである。つまり、今までに積み上げられた智慧や技術を基にして、新たなより良い社会の形成が想定される。そのために必要なことが、人類史上、誰も解いたことがない「お金の謎」を理解し、今回のような信用バブルを二度と形成しないことである。

■非理法権天

西暦1200年から西暦2000年の期間を分析すると、この間にも実に大きな変化が起きた事が理解できる。西暦1600年頃に「時は金なり」という思想が誕生し、この前後から急速に資本主義の機運が高まっていった。そして西暦1800年頃から本格的な資本主義の時代が始まったが、その後の約200年間の資本主義社会を分析すると、この時にも大きな変化が起きていたことが理解できる。

「非理法権天（ひりほうごんてん）」という言葉のとおりに社会は進展している。つまり、最初に起きる事は「非合理的なものは合理的なものに勝てない」という変化である。例えば度量衡の統一により経済発展が起きたが、その後は「合理的なものは法律には勝てない」という状況となり、いろいろな国々で法律の整備が実行されたのである。

また、「法律も権力には勝てないが、最後に勝つのが天地自然の理である」という言葉は、現状をよく表しており、「権力の暴走」が起きたとしても、最後には「天地自然の理」が働くのである。言い換えれば、約８００年という文明サイクルの転換期に起きることは、権力の暴走であり、この暴走に耐え切れなくなった人々が自己防衛に走ることである。

■民衆の反乱と民族の大移動

文明法則史学は「８００年に一度、民族の大移動が起きる」と教えている。この時の注意点は、最初に都市への人口集中が起きることである。最初はより高い給料やより良い生活を求めて、人々が地方から都会へ集まってくる。その原因としてお金の力が強くなったことが指摘できる。お金の価値が高まり、お金の量が増えた時に快適な都会生活が送られるが、問題はお金の力が弱くなった時である。その時、都会での生活が難しくなるという事実である。

「全ての道はローマに通ず」と言われたほどのローマの繁栄においても、西暦４００年頃から異変が生じ、その後は民族の大移動が起き、約８００年間の「神の時代」が継続した。財政破綻とインフレによって、都会に住む人たちに混乱が発生し、同時に「蛮族の襲撃」も起きたのである。そして西ローマ帝国は東ローマ帝国へと移動した。当時の人々は物質文明を否定し、神と共に暮らす生活を選択したのだった。

■宋の崩壊とモンゴルの勃興

今から８００年ほど前の西暦１２００年前後にも同様の変化が起きた。石炭を燃料として大繁栄した宋が、歴史上からほぼ一瞬にして崩壊したのである。そしてこの原因も、実体経済の成長後に起きる人々の意識変化だったが、実際には、現在と同様に財政破綻とインフレにより都会での生活が難しくなったのである。

この時に勃興したのがモンゴルだった。驚いたことは、西暦１２１０年から１２２０年の僅か１０年間で、ジンギスカンが世界の半分を征服したという事実である。つまり、文明の崩壊と東西文明の大転換については、西暦４００年前後の西ローマ帝国、西暦１２００年前後の宋からも明らかなように、きわめて短期間の内に起きるのである。そして、その８００年後の現在では、石油を燃料として栄えた現代文明が全く同じパターンを繰り返そうとしている。

■心の座標軸

何故、このような変化が起きるのかということを解くことが私の人生の課題だったが、この点については、「心の座標軸」で説明が付くものと考えている。

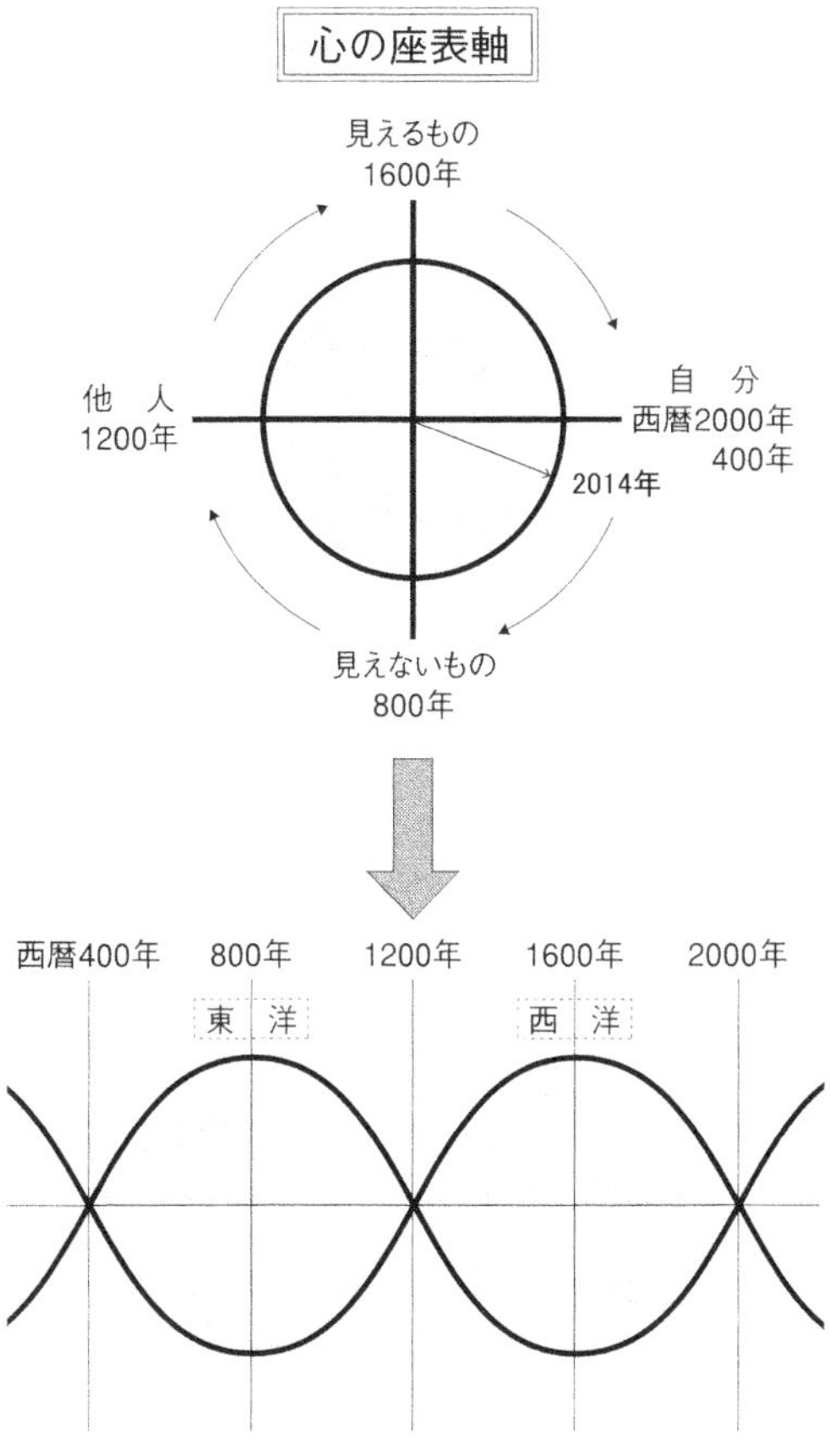

心の座標軸と文明のサイクル

　つまり世の中を動かす原動力は人々の集合意識であり、結局のところ人々が何を志し、どのように行動するのかによってそれぞれの時代が形作られる。例えば西暦1200年頃に人々の志（心指し）が、「目に見えないもの」から、「目に見えるもの」へと変化し、このころから古代文明の復興を意味するルネッサンスが徐々に始まったのである。

■100年ごとの覇権移動

西暦1200年から2000年までを振り返ると、実にダイナミックな変化が起きた事が見て取れるが、興味深い点は100年ごとの覇権移動である。具体的には20世紀がアメリカの時代であり19世紀がイギリスの時代だったが、その前にもフランスやオランダ、あるいはスペインやイタリアなどが100年ごとにその時々の覇権国（最も力のある国）となったのである。

そして、今後はこの動きが東洋の国々に受け継がれるものと思われる。実際には、西暦400年から600年にかけて、隋から唐へと覇権が移動した状況が再現される可能性が考えられる。つまり日本から中国へと、経済や文明の中心が移行するものと想定される。この時に考えなければいけない点が財政破綻とインフレである。そして都市に住みづらくなった人々がどのような行動を取るのかということである。

■大転換を迎えた現代文明

２０１４年の末を迎えた現在でも依然としてアメリカの時代が続いている。しかし実際には「砂上の楼閣」、あるいは「根の無い切り花」とでも呼ぶべき状況であり、今後はほぼ瞬間的に大転換が起きることも想定される。

つまりお金の正体が明らかになり人々の共同幻想が消滅した時に、かつての西ローマ帝国や宋と同様の事態が訪れる可能性のことである。

その時には本当の意味での金融大混乱が起きるものと考えている。通貨価値の下落、インフレである。しかも今回は信用本位制という、過去の歴史で経験がない通貨制度となっているために、未曽有の規模での大混乱も予想されるが、結局のところはこれも天の計らいであり、人智では考えられない意図が存在するようである。

■節から芽が出る

人類の歴史を振り返ると、２０００年ごとの節目が存在した。今から６０００年ほど前にお金が発明された。4000年ほど前に農業や文字が生み出された。そして2000年程前には釈迦やキリストが世に現れて人々の心を救ったが、これらの発明や発見が本当の意味での人類の進歩でもあった。その結果として過去6000年間に、人類は動物とは違う文明社会を形成することができたのである。

そして、今回は西暦2000年という大きな節目を迎えているが、過去数十年間の動きを考えると、これほどまでの大転換期に遭遇できたことに感謝せざるを得ないとも感じている。未曽有の規模のマネーの膨張を、自分自身の人生で体験することができ、現実と理論との違いを必死になって悩むことができたからである。

■人生の意味

私も2014年に還暦の歳を迎えたが、この年になって初めて理解できたことがある。自分の人生を振り返りながら、「自分はいったい何を求めて生きてきたのか？」と考えた時に、本当の人生の意味が若干なりとも理解できたのだった。私の追い求めてきたものは世界の真理であり、世の中は一体どのようになっているのかという謎への答えだったのである。

より具体的には、お金の謎や時間のメカニズム、そして人々の心とはどのようなものなのかということだが、「この世（此岸）」と「あの世（彼岸）」との違いは、お金と時間と心にあるようだ。そしてこれらの点を解明することが、私自身の人生の目的だった。現在では、お金の謎とサイクル理論が、ほぼ解明できたようにも感じている。

今後は心の謎に対して更なる挑戦を考えている。この点に関して、「タテの絆」と「ヨコの絆」が存在するように感じている。人間は一人では生きていけないという当たり前の事実を基にすると、どのようにして人々の絆が生まれるのかに関して、新たなヒントが見つかったようにも思われるのである。

■人生の醍醐味

「人生は山登りである」と言われるが、結局は自分の知らない事に対して真摯な態度で答えを求め続けるということが人生の醍醐味ではないか。未知にチャレンジしている時が最も楽しい時間であり、将来は未知であるものの自分の人生という道を歩くことでしか、本当の答が得られないようにも感じている。

「悟り」とは、自分の知らないことが数多くあるという点を理解することだが、このことは、天地自然の理という本当の真理との差を取ることとも言われている。つまり「一日生涯」という言葉のとおりに、一日一日を一所懸命に生きるという態度の継続により、初めて真理に近づくことができるようにも感じている。

第一章　高度経済成長とマネーの大膨張

■戦後の日本経済

戦後日本の実体経済は、歴史上からも珍しい奇跡的な高度成長を経験した。次の表のとおりに、１９５５年（昭和３０年）の名目ＧＮＰ（国民総生産）が約８・６兆円だったものが、１９７０年（昭和４５年）には約７５兆円、そして１９８０年（昭和５５年）には約２４５兆円というスピードでの成長を達成した。

また１９５０年当時、日本のＧＮＰ（国民総生産）はわずか４兆円弱という金額にすぎなかったが、当時の主な産業は農林水産業などいわゆる一次産業だった。

~75	1976～80	1981～85	1986～90	1991～95	**高度成長期**(1956～72)**平均**	**安定成長期**(1973～95)**平均**
4.5	4.3	3.4	4.8	1.4	9.3	3.4
5.3	3.9	3.1	4.4	2.0	8.7	3.4
3.2)	(2.3)	(1.9)	(2.6)	(1.2)	(5.5)	(2.0)
6.5	-0.4	-1.2	9.6	-2.0	15.5	1.6
0.4)	(-0.0)	(-0.1)	(0.5)	(-0.1)	(0.8)	(0.1)
9.6	5.3	6.3	10.2	-2.4	17.3	4.3
0.1)	(0.7)	(0.9)	(1.7)	(-0.5)	(1.6)	(0.6)
5.5	4.1	2.5	2.5	2.4	4.4	3.3
0.5)	(0.4)	(0.3)	(0.2)	(0.2)	(0.6)	(0.3)
0.1)	(0.4)	(0.7)	(-0.6)	(-0.0)	(-0.2)	(0.2)
9.3	9.7	7.0	3.7	4.1	14.0	6.6
0.6)	(0.8)	(0.7)	(0.4)	(0.5)	(0.6)	(0.6)
6.2	4.4	0.7	11.7	4.8	14.7	5.3
0.5)	(0.4)	(0.0)	(0.9)	(0.5)	(0.8)	(0.4)
21	245.36	325.50	441.59	489.75		

そしてこの時には、当然のことながらそれに見合う資金しか存在しなかったが、当時、日本の資金は実体経済以下の金額であり、このことは本来の実体経済とマネー経済との関係性からすれば、たいへん健全な状態だった。私が生まれた１９５４年（昭和２９年）頃、ほとんどの日本人が貧しい生活を送っていたが、その後の経済成長によって日本人はいつの間にか、世界でも有数のお金持ちに変化していたのである。

戦後日本の経済成長

	1951〜55	1956〜60	1961〜65	19
国内総支出	9.0	9.0	9.1	
民間最終消費支出	10.4 (6.4)	8.5 (5.6)	8.6 (5.5)	
民間住宅	16.4 (0.4)	14.6 (0.5)	18.1 (0.8)	
民間企業設備	-3.7 (-0.4)	26.5 (1.7)	9.1 (0.9)	
政府最終消費支出	28.1 (3.7)	3.3 (0.6)	5.3 (0.8)	
財貨・サービスの純輸出	(-0.3)	(-0.3)	(-0.1)	
財貨・サービスの輸出	-7.1 (-0.6)	11.2 (0.4)	15.3 (0.6)	
(控除)財貨サービスの輸入	-0.7 (-0.3)	16.6 (0.7)	12.3 (0.7)	
(参考)期末名目GDP/GNP **(実額、兆円)**	8.63	16.66	33.67	7

注１）数値は各期間の成長率の平均（各年度成長率の合計／合計した年
注２）（）内は、各期間の国民総支出に対する寄与度の平均（各年度寄
　　　の合計／合計した年度数）
注３）昭和 30 年以降は国民経済計算、昭和 29 年以前は国民所得統計等
資料）経済企画庁編　「戦後日本経済の軌跡　経済企画庁 50 年史」

■私の人生と戦後の経済成長

私自身の人生を振り返ると、高度経済成長の恩恵を享受するとともに、実に貴重な体験ができたと考えている。マネーの大膨張が人々の生活や心理状態と行動を、どのように変化させたのかについてつぶさに観察できたからである。

1950年当時の日本経済と金融

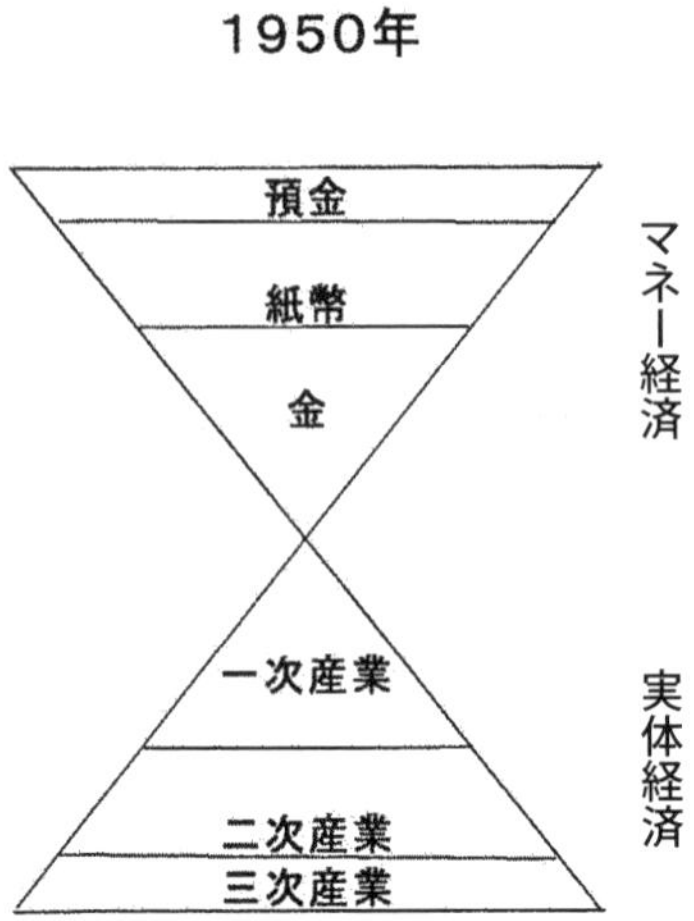

つまり1950年当時の日本経済は、上図のピラミッドの実体経済がきわめて未熟な段階だったことが理解でき、また逆ピラミッドのマネー経済も現在からは想像もつかないほどに貧弱な状態だった。しかしその後はご存じのとおりに未曽有の規模とスピードで実体経済が成長し、同時にマネー経済が大膨張したのである。

■日本人が抱いた「ジャパニーズドリーム」

戦後の日本人は、アメリカンドリームならぬジャパニーズドリームを抱いていた。そして実際に、ほとんどの人が東京に出ればより良い生活が送れると考えていたが、私自身も高校を卒業した直後に東京の大学に進学して証券会社に就職した。

私たちの世代はたいへん幸福な時代を送ることができた。当時、大学を出れば就職に困ることはなく、大学生活においてもアルバイトで生活費をまかなうことができたからである。しかし当時はこのことが民族の大移動の初期段階であることに気付かず、その後にどのような人生が待っているかということなどは考えもしなかったのだった。

日本のバブルとその崩壊、その後の「失われた20年」などを考えずに、やみくもに夢を追い求めていたが、当時を振り返るとまさに猪突猛進の時代であり、若さの特権だったようにも感じている。

■金融界とのかかわり

私が証券会社に入社した1977年（昭和52年）当時、日経平均は5000円程度だった。

その後、経済成長の恩恵を受けて順調な株価上昇を見せたが、この時すでに日本株バブルがスタートしていた。また、私が証券会社を選択した理由は自分の実力を試すことだったが、わずか10日間の研修後、すぐに地方支店に配属されて3年半の個人営業を経験したのだった。

3年目には130人ほどの同期入社の社員が半減するほどの過酷な仕事だった。その後は幸いなことに、会社派遣による海外留学の機会に恵まれ、1981年から1983年にかけてアメリカの大学院に留学し、さらにアメリカで1987年まで働いた。勤務先のロサンゼルスでは大量の日本人観光客が訪れていたが、今から考えると、このことはまさに現在の日本に大量の中国人観光客が訪れているような状況だったのである。

■1980年代に起きた変化

1980年代はマネー大膨張の初期段階だった。そしてこの時に気付かされたことは、既存の理論が全く役に立たないという事実だった。実際に、アメリカの大学で学んだ為替理論が全く実践に応用できなかったのである。金融機関による設備投資が全体の20%を超えたという変化や、あるいは建設業の売上高が急増したというように、GDP（国内総生産）の内容が大きく変化した時期だったのである。

１９８０年の実体経済と金融

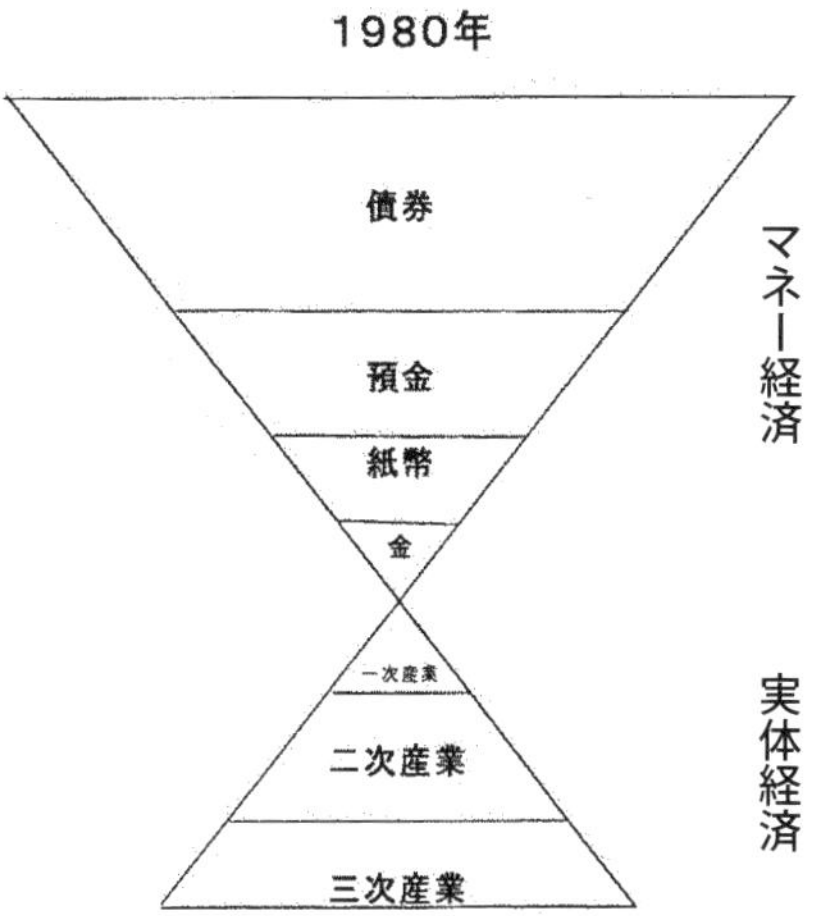

　また、１９８０年代初頭のアメリカで起きた事はエコノミストの大量首切りだったが、このことは従来のエコノメトリックス（計量経済学）の破綻を意味していた。つまり数百本にも及ぶモデルを作成し、未来予測を行う方法が行き詰まったのだ。この原因としては、「将来は過去を直線的に延長したものだ」という短絡的な予測方法が、現状の変化についていけなくなった点が指摘できるのである。

■膨張を始めたマネー経済

　具体的には、１９７０年代のオイルショックや経済成長の内容変化についていけず、多くのエコノミストたちが職を失うこととなった。戦後の高度経済成長に陰りが出た点や、マネーの大膨張が始まった事実をその原因として指摘できるが、当時この変化に気付いている人はほとんどいなかった。

例外として、野村証券の会長だった田淵節也氏が「現在のお金は病んでいる」と警告を発したぐらいのものだった。

この前後に起きた事は、多くの人々が望むものがそれまでのような車や家などから、お金に変化したことだった。つまりお金の力が強くなり、お金があればいろいろなものが買える時代が始まったのである。

■日本株バブルは銀行株の急騰から始まった

日本株バブルは銀行株の急騰から始まった。それまで管理されていた銀行株が、突如として急騰を始めたのである。それまで銀行株は、誰がどれだけ売り買いしたのかという日々の手口までもが報告される状況だった。しかし1984年から状況が変化し、数年後には数倍の価格にまで急騰したのだった。

そしてこの事実が日本人の意識を変化させ、その後の株式バブル、あるいは土地バブルに拍車をかけた。当時を振り返ると、この時期が日本人の絶頂期だったと感じている。あるいはこれが日本人が堕落を始めた時期でもあったが、マンションやゴルフ会員権などの価格が今では信じられないほどに急騰したのである。

その時バブルに溺れた人々はその後のバブル崩壊で悲惨な目にあったのだが、忘れっぽい日本人はその後も同じような失敗を繰り返しているのである。

■バブル期の日本人と30年サイクル

現実の世界では歴史の30年サイクルが存在する。1980年当時のアメリカと現在の日本はほとんど同じ状況であり、また現在の中国が30年前の日本に似ているのである。この点に気付かされたのが1980年代のバブル時代だった。当時の思い出としてあるのは日本のオーバープレゼンス（過剰な存在感）であった。

当時の日本人は、有り余る資金を背景にしてアメリカの土地やビルを買い漁っていた。その極め付けがロックフェラーセンターの買収だった。バブル末期の1989年に、日本の三菱地所がアメリカを代表するビルを買収するという事件が起きたのである。しかしこれらの一連の動きがアメリカ人の逆鱗に触れ、その後ＢＩＳ規制の強化が実施され、日本のバブル崩壊へと繋がった。換言すると、日本の銀行が保有する預金総額が1980年代の末に世界の40％を占める状況となり、その結果として西洋諸国の反撃が起きたのである。

■ＢＩＳ規制の発動

信用創造の仕組みとして、銀行が協調して資金を出し合うと残高は無制限に増やすことができるという点が指摘できる。信用が存在する限り、お金の残高はどこまでも増え続けるのである。ＢＩＳ規制が実施された理由としては、あまりにも異常な日本の預金増加とアメリカの土地買収に耐え切れなくなったアメリカ人を中心にして、銀行に対して自己資本規正を実施した点が挙げられる。

しかし一方でアメリカを中心にした世界の銀行は、デリバティブ（金融派生商品）で大膨張させる方法を実行した。これはＢＩＳ規制に抵触せず、合法的に資産規模を増やす方法と言えるが、実際は資本規制逃れでもあった。銀行のバランスシートに対して８％の自己資本規制が掛けられたため、オフバランス（簿外取引）という方法によって銀行の残高を増やす方法が使われたのである。

■バブルの崩壊

日本株は１９８９年末に、３８９１５・８７円という高値を記録した。しかしその後に起きた事はバブル崩壊である。「どのようなバブルも必ず弾ける宿命にある」という言葉どおりの状況だった。「日経平均は5万円にまで上昇する」「7万円にまで上がる」というような多くの人々の期待を裏切って、1990年の初めから暴落を始めたのである。

そして私自身もこの時に人生における最大の敗北を経験したが、実際は「1920年代のアメリカ株」と「1980年代の日本株」との「一年の違い」に悩まされたのである。バブルの存在には気付きながらも、「いつバブルが崩壊するのか？」という時期に関して、あまりにも歴史のアナロジー（相似性）を信用しすぎていた。つまり1921年から始まったアメリカのバブル相場と1982年から始まった日本のバブル相場とを比べすぎていたために、バブル崩壊の時期を見誤ったのだった。

■苦悩の効能

その結果として、私自身も今までにほとんど経験が無かった精神的な胃痛に悩まされたが、タイミングを間違えた原因を真剣に考えざるを得なかった。そのために数千冊もの書物を読破し、いろいろな点を熟慮した。このことが結果としてその後の人生に役立ったようにも感じている。今から考えるとあの失敗は「天からの贈り物」であり、奢り高ぶっていた私を変えさせる効果があったとも感じているのである。

　また、この時に気付かされたのが東洋の暦だった。１９９０年が庚午（かのえうま）という暦であり、１９３０年と同様にバブル崩壊の年を意味していた。そしてこの時から「四柱推命」と「算命学」を徹底的に検証した。たいへん相場に役立つとともに、安岡正篤先生が述べた「四柱推命と易学は東洋の宝物である」という事実を確認することができたのである。

　東洋学の基本は６０年サイクルである。そして１９２０年代のアメリカと

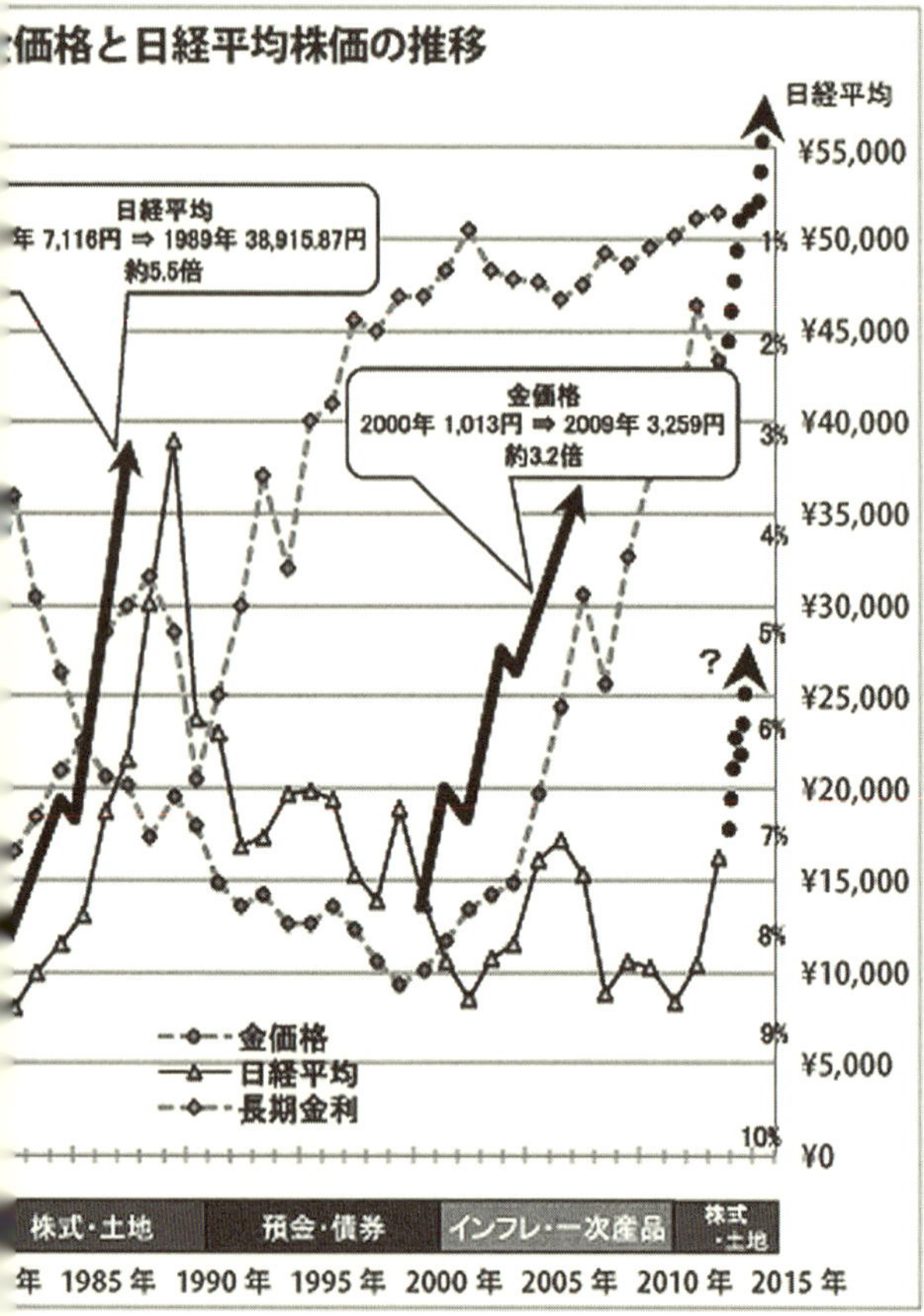

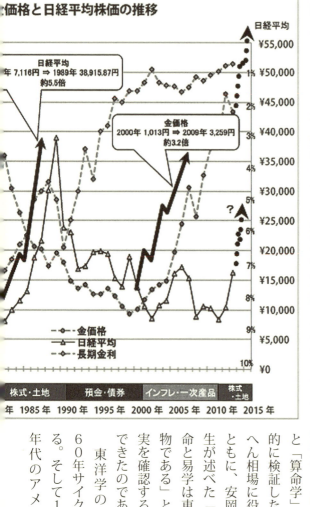

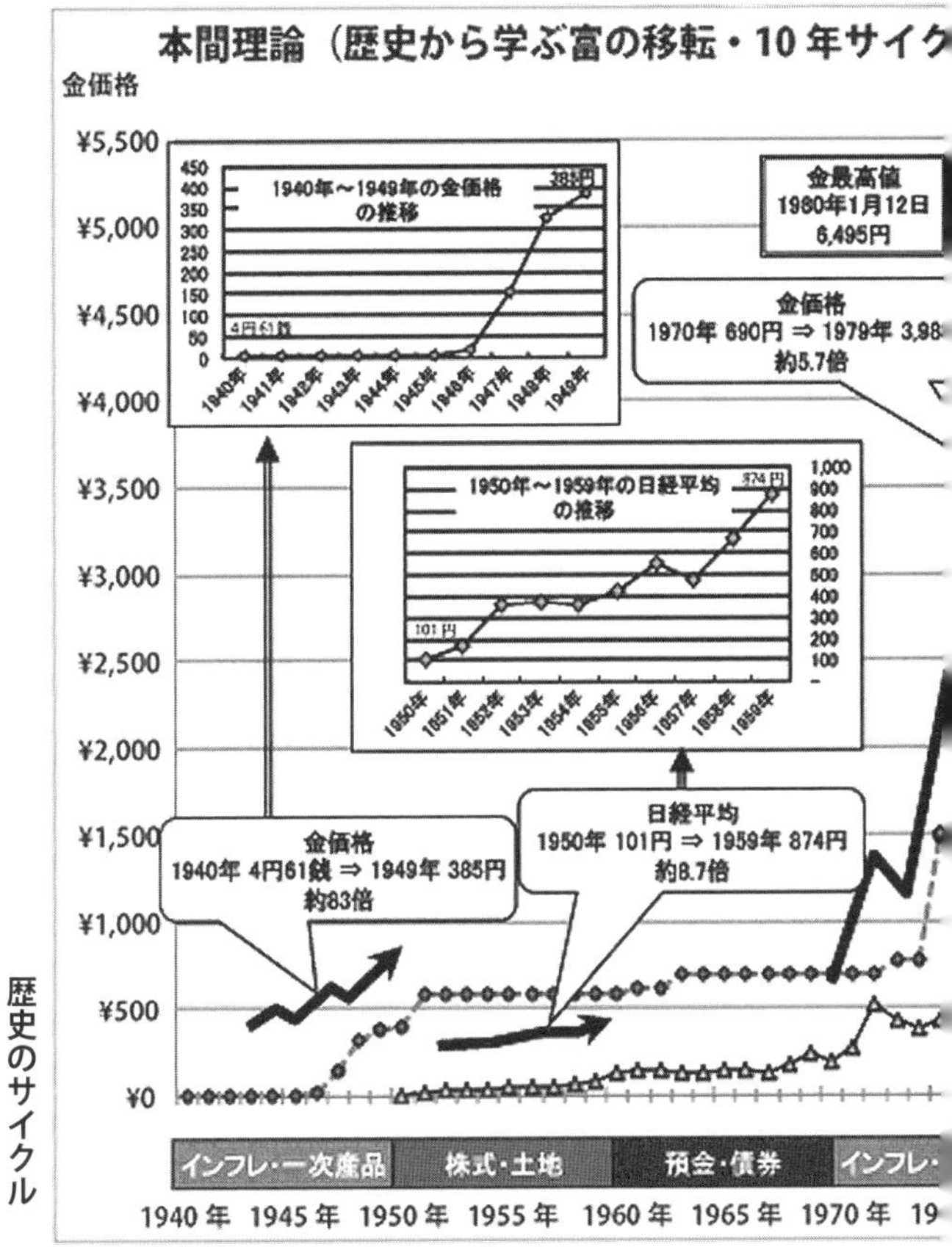

1980年代の日本がきわめて似たようなチャートになったように、この事実はたいへん有効に利用できた。また60年サイクルは、半分の30年サイクルに分解されるとともに、15年サイクルや12年サイクル、そして、10年サイクルなども存在する。

具体的には、上のチャートのとおりに、10年ごとに「インフレのサイクル」「株式と土地のサイクル」、そして「債券のサイクル」に分類される。また、どのサイクルも基本的には「末尾に2の付く年」に始まり、「末尾に9の付く年」にバブルが形成され、「末尾に0の付く年」にバブルが崩壊する。つまり1972年から始まった貴金属相場については、1979年にバブル状態となり、1980年にバブルが崩壊したのである。

■不良債権の発生

1982年から日本株のバブル相場が始まったが、その後1989年末に最高値を付け、1990年にバブルが崩壊した。そして1992年から本格的な金利低下が始まり、1999年には日本のゼロ金利の状態となったが、この時に考えなければいけない点が不良債権の問題だった。

1990年のバブル崩壊によって最初に多くの民間企業が倒産したが、この時に大量の不良債権が発生したのである。原因に不動産や株式の価格下落が挙げられる。バランスシートから考えると興味深い事実が浮かび上がってくる。バランスシートは資産と負債、自己資本の三要素に分類されるが、この時に資産と負債とでは性質に大きな違いが存在するのである。

■バランスシートの非対称性

資産の場合には価格が上がったり下がったりする価格変動が存在するが、負債においては借りた時に元本が固定する。そのために資産価格が値上がりすると、含み益が発生するものの、

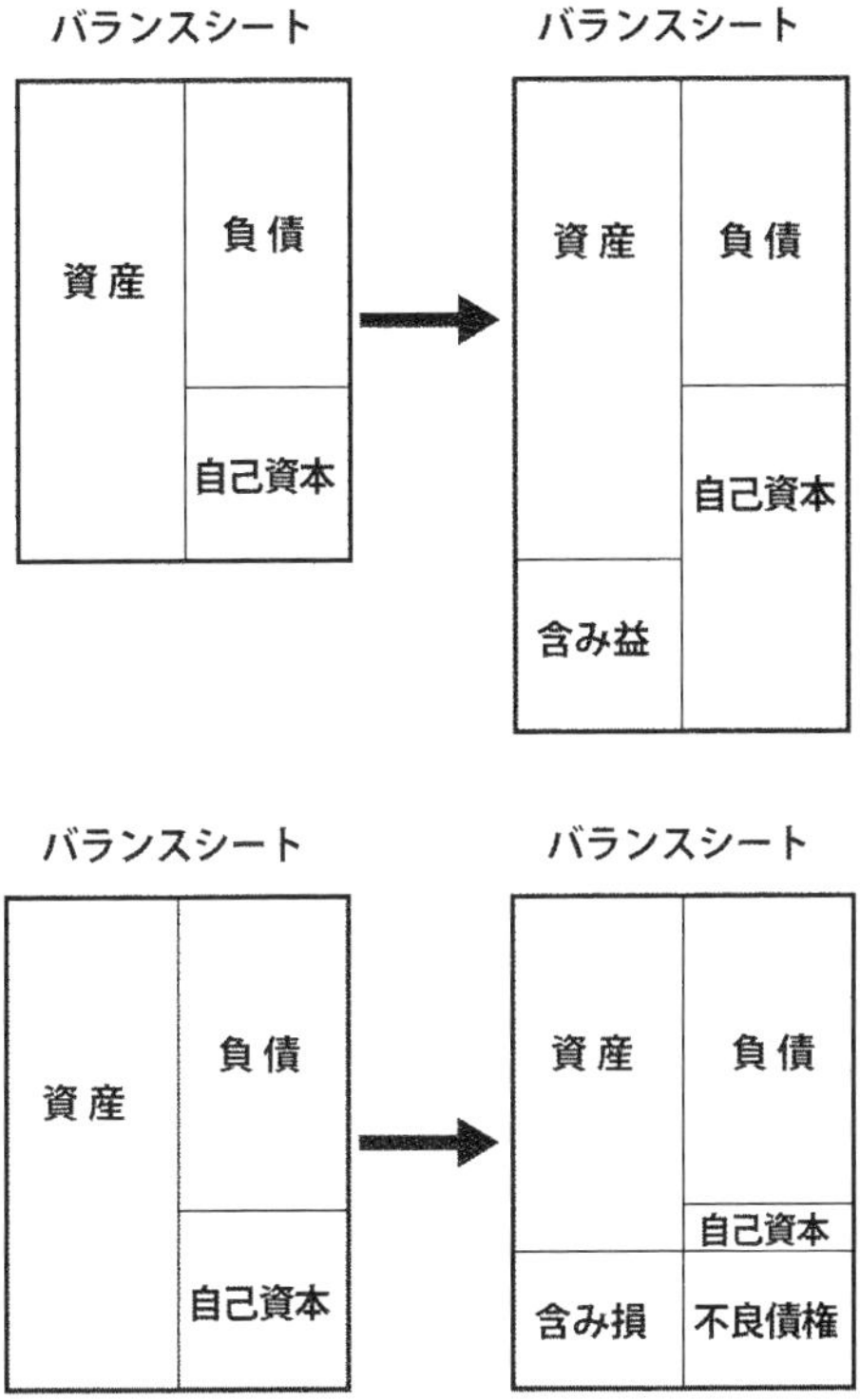

負債額に変化が無いために、自己資本が増えた計算になるのである。

しかし、一方で資産価格が下落すると含み損が発生するが、他方で負債額には変化が無いために、不良債権が発生する。

そして不良債権が自己資本を食いつぶすような状況が債務超過と呼ばれる状態であり、この時に

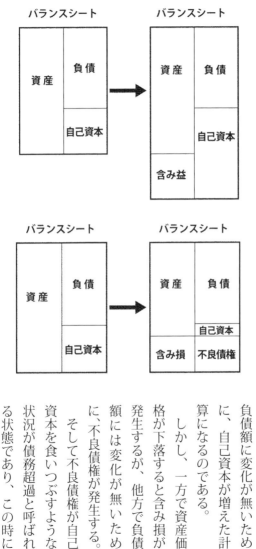

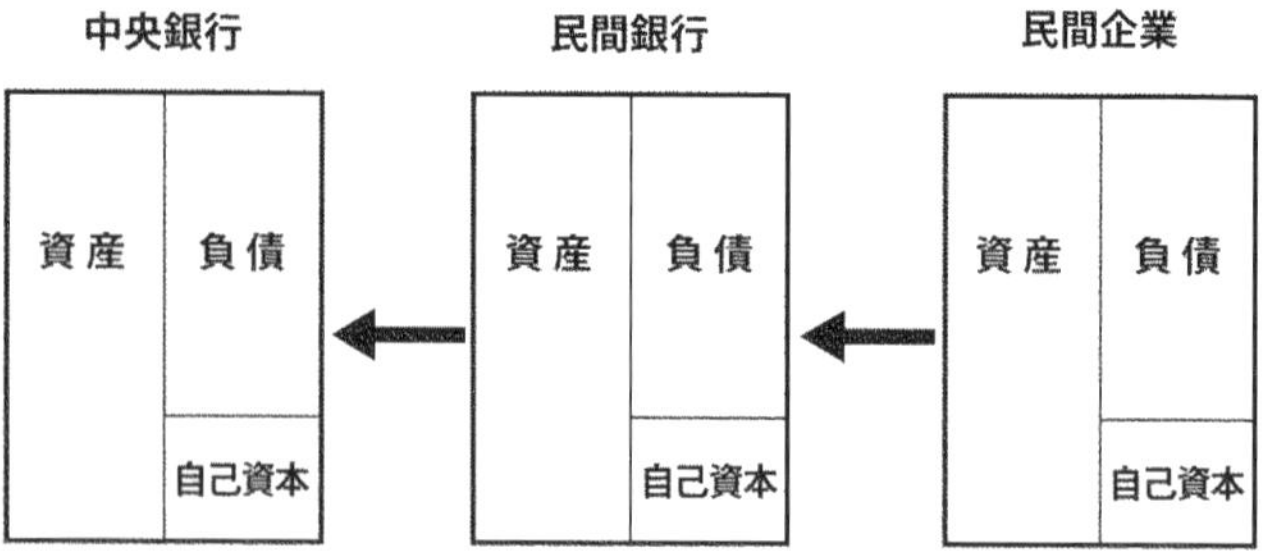

は企業倒産に繋がりやすくなるのである。

しかし当時の日本人は、このような単純な理論も理解することができず、民間企業が倒産すると民間銀行に問題が起きるという点が予測できなかった。そして実際に、民間銀行の破綻を見て慌てふためく状況となった。この時に考えなければいけない点が、不良債権の移行であり、より信用力のある主体へ不良債権が流れるという事実だったのである。

■移行した不良債権

最初に民間企業で大量の不良債権が発生した。金融システムの性質から言えることは、民間企業で発生した不良債権は民間銀行へ移行し、その次に中央銀行にまで移行することである。しかも1990年のバブル崩壊によって発生した不良債権は、土地の時価総額の約1割とも言われ、実際に約2500兆円の一割である約250兆円に達したと言われている。

そして現在では、民間企業の不良債権はほとんど消滅し、民間銀行もデリバティブを除いては、たいへん健康的な状態となった。

しかし、問題は中央銀行と国家であり、実際に膨大な国家債務を抱えている。しかも今回は、量的緩和（QE）という名の下に、典型的なリフレーション政策が実施され、未曽有の規模で中央銀行のバランスシートが世界的に拡大している状況となっているのである。

■1997年の信用収縮

不良債権が民間企業から民間銀行へと移行し、民間銀行の一部が危機的な状況に陥った。具体的には北海道拓殖銀行や日本長期信用銀行などが大量の不良債権を背負い、倒産や国有化に追い込まれたのである。そして、この時に起きた事が世界的な信用収縮だった。実際には1997年8月にタイから始まった信用収縮の波が、その後、世界中を襲ったのである。

1997年の信用収縮

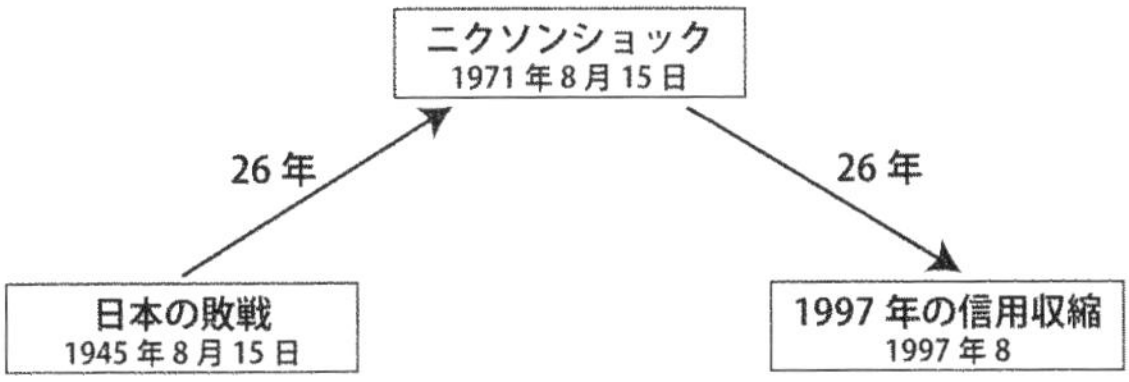

私自身はこの点について1996年末から予想でき、混乱期を無事に乗り切ることができた。この時に役立ったのが前述のサイクル論であり、マネー理論だったのである。

具体的には模式図（57頁）のとおりに、1971年のニクソンショックを中心線にして、左右対象パターンが形成されていた。つまり1945年8月15日の日本の敗戦からの26年間が、日本の高度経済成長の時期であり、また、ニクソンショックからの26年間が、その恩恵を食い潰した時期だと考えたからである。

■国家の資本注入

結果としてはほぼ想定通りに世界的な信用収縮が起きたが、このことは民間銀行に溜まった不良債権を国家が肩代わりすることを意味していた。つまり金融システムのメカニズムから言えることは、より信用力の強い主体へと不良債権が移行することである。

そしてこの結果として起きた事が、日銀のバランスシート急拡大である。実際に約50兆円から約150兆円にまで、3倍の規模にまで大膨張したのである。

また、その後に「量的緩和」という言葉が使われ、「準備金」が「当座預金」という名前に変更され、この方法によって日本の金融危機が先送りされることとなった。日銀が国債を大量に買い付ける方法が選択され、その後に欧米の中央銀行が日銀を見習ったが、このことが世界的な量的緩和の始まりだった。しかし本格的な運用については、２００７年から２００８年の金融危機まで待つ必要性があったのである。

■１９９９年のＩＴバブル

１９９７年の信用収縮を切り抜けた世界の金融市場は、その後、ＩＴバブルを経験した。この時にも１０年ごとのバブルが起きたが、実際には１９９２年頃から明らかになり始めた「ＩＴ革命」が１９９５年頃から本格化し、１９９９年にバブルとなって表れたのである。

そのため私は１９９９年末から日本証券新聞という業界紙に連載を始め、２０００年のバブル崩壊を警告した。だが、やはりどのようなバブルも弾けた時に初めて存在に気付くという状況が繰り返された。ほとんどの人は聞く耳を持たず、「時は全てを証明する」という言葉のとおりに天地自然の理が働き、異常な事態が暦のとおりに解消されたのである。

■史上最大のバブル

しかしこの裏側では、前述のとおりにデリバティブの大膨張が起きていた。西暦２０００年に時価総額が約８０００兆円にまで大膨張した。

私自身は、１９９０年の日本の土地バブルが、史上最大のバブルだとそれまで考えていた。私は１９９０年に日本の土地の時価総額が約２５００兆円にまで達したことに驚きを持ったのだが、その理由はこの時に言われた「日本を売れば、日本以外の南極まで含めた土地が買える」という言葉にあった。換言すると、地球の土地の時価総額が約５０００兆円という規模であり、日本の土地バブルを上回るバブルは発生しないと当時考えていたのだが、実際にはデリバティブがはるかに上回る規模で成長を続けていたのである。

■マネーの逆襲

そのため私は勤めていた証券会社を退職し、『マネーの逆襲』という著書を執筆した。そして同時に「一家に一キロの金」という運動を始めた。当時は約１００万円という金額で一キロの金を買うことができ、一家に一キロの金が保有してあれば、今後の金融大混乱期を無事に乗り切ることができると考えたのだった。

また、金について振り返ると、1980年の金バブルにはたいへん驚かされた記憶がある。このことが、私自身が実際に経験した「10年ごとのバブル相場」の始まりだった。つまり1972年頃から始まった金価格の上昇が1979年にバブル化し1980年に弾けた。その後の約20年間にわたり価格が下落を続けたが、2000年当時、人々が考えたことは「金は石ころになった」ということだった。

■大底で起きること

一つの商品価格が20年にわたり下げ続けると、ほとんどの人はこの動きが永遠に継続すると錯覚してしまう。そして最後の局面では保有分を売却するだけではなく、これから生産する分まで前もって売却してしまう。実際に起きた事は、オーストラリアの鉱山会社を中心にした「埋蔵量までも先物で売却する動き」だった。

またイギリス政府も保有している金を安値で売り叩いたが、この時に財務大臣だったゴードン・ブラウン氏が、その後首相になり、「ボトム・ブラウン（安値叩きのブラウン首相）」という綽名までついたのだった。

そしてこのような状況下で起きることは売りのエネルギーを使い尽くし、上昇のエネルギーが働き始めることであり、実際に２００２年から金価格が急騰を始めたのである。そして私自身もこの動きが継続し、結果として２００９年の金バブル到来を予想したが、実際の世の中はそれほど甘いものではなかったのである。

■２００１年の９・１１事件

『マネーの逆襲』で予測したことの一つに、「２００１年に資本主義の根幹を揺るがすような大事件が起きる」ということがあった。理由としては「６０年サイクル」の存在である。実際に１９４１年の８月に石油の輸出停止が起き、１２月に大東亜戦争が勃発した。

そのために、２００１年の８月から１２月に何らかの大事件が起きると考えていたが、実際に起きた事はアメリカで金融ツインタワーがテロ事件に遭うという大事件だった。また「末尾に１の付く年」は必ず「辛」という暦になるが、このことは血を見るような事件が起きることを意味していた。

１９９１年のソ連崩壊、１９７１年のニクソンショック、１９４１年の大東亜戦争勃発など、この暦の時には多くの場合に血を見るような事件が起きやすくなる。そしてこの点については、東洋学からも興味深い事実が指摘できるが、「新」という文字は、「辛」と「木」と「斧」とに分解されるのである。

■本当の新しさ

つまり「木」という長い歴史のあるものを、「斧」という道具を使い、「辛く血のにじむような努力」の後に、本当の新しい商品や考えが生まれるという考え方である。換言すると、努力なしには本当の成功が生まれず、過去の知恵の積み重ねが無ければ新たな理論が生まれないということである。

しかし残念ながら、現在の経済学では「断絶の時代」という言葉のとおりに、戦後の高度経済成長を境にして基本的な概念が大きく変化した。「ケインズ革命」と呼ばれる「消費は美徳である」という考えや、「景気が悪かったら、公共投資を行えばよい」という意識のことだが、実際には「経済は成長するものだ」という認識が世界的に広まったのである。

しかし戦前は「経済は成長しないものだ」という認識が当たり前であり、今とは反対に過度の経済成長を恐れていた。戦後のこの意識が結果として、マネー経済の大膨張を引き起こすとともに、未曽有の規模での国家債務を形成したのだった。

■新たな為替理論

1980年代に最も悩まされたのが為替の理論だったが、当時の私はアメリカの大学で学んだ理論を基に意気揚々と実践に挑んだ。しかし実際には全ての理論がほとんど役に立たなかった。購買力平価説に始まり、金利などの既存の考え方が実践に応用できなかったのである。原因はマネーの大膨張にあるものと考えて信用乗数を為替に応用してみたが、結果としては90%以上の確率で為替変動の説明が付いたのだった。

マネーストック＝ベースマネー×信用乗数

つまり「お金は信用であり、信用量の大きい国に資金は移動し通貨の価値が高まる」という考えのことである。1996年にこの理論が完成し、その後2002年まで面白いようにこの予測が的中した。

しかし問題は、その後2002年頃からこの理論が通用しなくなり始めたことだった。後から考えると、簿外取引のデリバティブによって本当の数字が取れなくなったことに、根本の原因が存在したのだった。

■デリバティブの本格的な拡大期

２００２年当時、デリバティブの残高は約2京円の金額だった。しかしその後、残高が急増し、２００７年にはなんと約8京円の規模にまで膨れ上がった。つまり私が恐怖心を抱いて会社を辞めた時が約８０００兆円だったが、その後、約7年という期間に１０倍の規模にまで拡大したのである。

そしてこのことは、金融大戦争の始まりを意味していた。今から考えると、９・１１事件をきっかけにして第三次世界大戦が始まり、この時使われた武器が「お金」だったのである。

つまり目に見えない戦争が始まり、世界の国々はお金の奪い合いを行ったが、この点については、今後、デリバティブの崩壊が起きた時にははっきりと理解されるものと考えている。

繰り返しになるが、どのようなバブルも必ず弾ける運命にある。デリバティブがこれほどの規模にまで膨れ上がることができた理由は、やはり現在の通貨制度にあり、「信用本位制の落とし子」のようなものだったものと感じている。

■歪みを見せ始めた「60年サイクル」

為替の理論もデリバティブの大膨張によって正確さを欠き始めたが、同時に起きた事は「60年サイクル」の歪みだった。つまり私自身は当初、1945年の敗戦から60年後の2005年にはデリバティブの崩壊が起き、金融戦争が終了するものと考えていた。しかし実際には2007年まで拡大が続き、その後、デリバティブは隠された状態となってしまったのである。つまり一種の「飛ばし」が行われたようだが、このことも金融大戦争が第三次世界大戦だった証拠の一つとも言えるようである。

別の言葉では、戦争時には人々の常識を超えた事件が起き、政府や官僚は国民を犠牲にしてまでも自分を守る傾向があるが、このことによって、それまでの20年間ほどたいへん役立った「60年サイクル」が、2005年頃から実践の役に立たなくなったのだった。基本的にはデリバティブが大きな意味を持っていたものと考えているが、今回は金融戦争の存在さえも気付かれないような状況でもあったために、より一層、歪みが大きくなったのである。

しかし暦の興味深い点は、人為的な力によって一時的に歪みが起きても、その後、急速な時間の取り戻しが起きることである。換言すると、人為的な力によって時間的な遅れが生じた場合に、遅れた分だけ事件発生時に規模が大きくなる。この点については「風船が膨らんだ時の状態」とも言えるようであり、実際にはデリバティブと国家債務という時限爆弾が刻々と音を立てている状況なのである。

■2007年の金融混乱

１９９７年と同様に、私は２００６年末に、「２００７年7月に金融混乱が起きる」と予言をした。そしてほぼピッタリのタイミングでサブプライム問題が発生したが、この時にはまだ、「６０年サイクルの歪み」の範囲内の出来事だと考えていた。つまり本来は２００５年に起きるはずの事件が、約2年程度の誤差を生じたものと考えていたが、その後の展開を見ると私自身に誤りがあったことに気付かされたのである。

非理法権天という言葉の意味を本当に理解していなかったために、最後の局面で政府がどのような事をするのかが、よく理解できていなかったのである。

最後の段階では、政府や官僚はどのような無謀なことでも行う。この点については１９４５年の日本でも同様の状況だった。そして実際に起きた事は、ご存知のとおり東京大空襲の後にも降伏をせず、2発の原爆が投下されて初めて敗戦を決断したという展開だった。

■2008年のリーマンショック

2008年9月に、100年に一度と言われたリーマン事件が起きた。しかしこの事件は一民間金融機関の金融破たんに過ぎず、私自身はより重大な局面に変化することを想定していた。そしてこの時にもやはり、一種の報道操作が行われていたようだ。第二次世界大戦末期と同様の「大本営的な発表」のことである。

この時に、真剣に議論されるべき問題点はデリバティブであり、信用本位制だったのだが、実際には議論のすり替えが行われたのである。「大恐慌の再来」が盛んに報道され、人々もこの意見を信じ込んだ。金融理論を研究せず金融史を理解していなかった人々にとって、この事件はほとんど理解不能な状況だったようである。

そして、さまざまな意見を述べながらも結果には責任を持たない状況が発生する一方で、このような机上の空論や人々の無知が、政府の当局者に利用されたのである。1929年の大恐慌を宣伝することにより、政府の介入が当然の政策と考えられ、また、株式を売りながら国債を買うという「プログラム売買」が、その後当たり前の手法となったのである。

■2009年の「金バブル」は、なぜ起きなかったのか？

２００７年のサブプライム問題に続き、２００８年のリーマンショックが起きたために、私自身はほぼ想定通りの展開で世の中が進展しているものと考えていた。そして２００９年に金のバブルを想定していたが、実際には違った展開となった。そのため、どのような要因が働き、なぜ私の予想が外れたのかを熟慮する結果となったが、この時に気付かされたことが世界的な金融コントロールだった。

つまり世界の金融は、大きな力によって価格がコントロールされているという事実であり、この状況は国家の体力が失われるまで継続するという展開だった。換言すると「どのような国家も自ら破産を宣告せず、紙幣の増刷により生きながらえる」というケインズの言葉のとおりに、日米欧の先進各国が私の想定以上の金融政策を実行したのである。この時に考えなければいけない点が現在の信用本位制の力だった。以前の金本位制の時代とは違い、信用本位制の時には価格操作が容易になったのである。

■現在の通貨制度

1971年以降、世界の通貨制度は信用本位制に変化した。そして、この点については中国でも同様の認識を持っているようだが、この通貨制度の特徴は「コンピューターの中に存在する数字」が大きな力を持っていることにある。しかも通貨の流通コストが格段に低下したために、巨額な金額でもほぼ瞬時に決済が可能な状況となったのである。

その結果として、政府による金融コントロールも、今まで以上に大きな影響をもたらした。この点が、私の想定が遅れた要因の一つとも考えられるのである。

しかし、問題の発覚が遅れるほど借金爆弾の規模が大きくなり、破裂後の衝撃も比例して大きなものになるが、バブルの特徴として弾けるまではその存在に気付かないという点が指摘できる。しかもバブルの最中には、バブルを正当化する理論までもが出てくるが、今回は「デフレ」と「景気悪化」が使われたのだった。

第二章　世界的な金融コントロール

――2009年以降、どのような事が起きたのか？

■世界的な株価の高騰

2009年3月を底にしてアメリカの株式は急騰を始めた。具体的には次のチャート(72頁)のとおりに、2014年末には2009年の底値から3倍程度にまで上昇した。そしてこの理由としては、典型的な「リフレーション政策(通貨の膨張政策)」が挙げられる。実際には「QE(量的緩和)」と呼ばれる中央銀行のバランスシートを大膨張させて、国債を買い付ける政策によって、あふれ出した資金が株式市場に流入しただけのことだった。

しかもこの時に日米英の金融三国同盟とでも呼ぶべき状況が発生し、後で述べる「二つの金

アメリカのS&P500

出典：ゴールデンチャート

融ツインタワー」を守る力が働いた。

それは英米が保有するデリバティブであり、また日米が保有する国債のことだが、日米欧の先進国が考えたことは、どのような手段を使ってでも二つの金融ツインタワーを守るということだった。しかし、一方では中国を中心にしてもう一つの力が働いたのであり、それは金を大量に保有して、通貨制度や金融システムの崩壊に備えるというものだった。

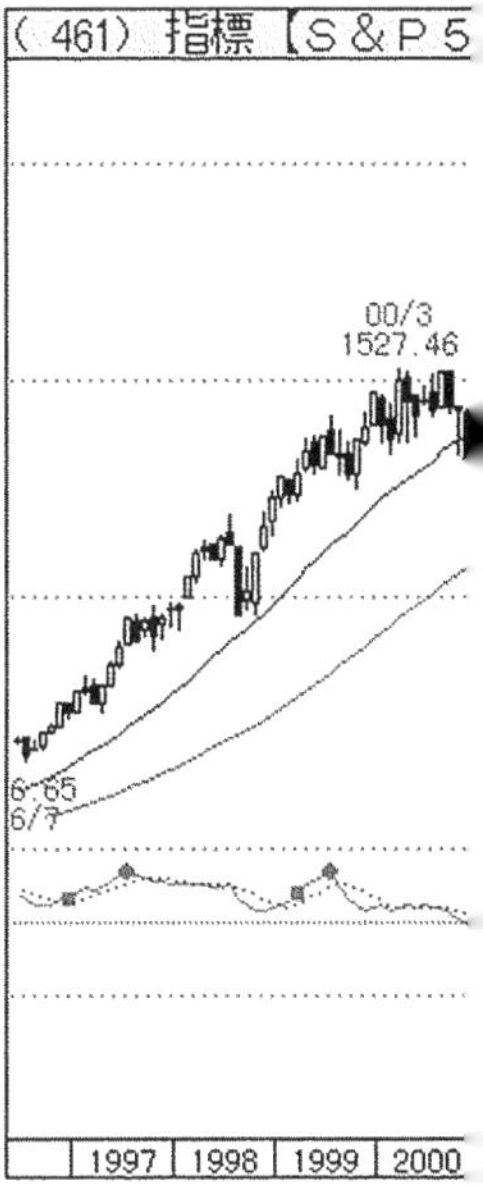

■二つの金融ツインタワー

　このことが、私の想定する世界的な金融大戦争であり、結局は東西文明の移行期に起きる当然の動きでもあった。

　二つの金融ツインタワーが目に見えない形で世界にそびえ立っており、現在ではこのツインタワーを巡る戦いが起きている。そしてこれほどまでに大膨張した金融商品にとって、崩壊以外の運命は存在しないが、問題は無理矢理に時間稼ぎを行う動きであり、その結果として金融戦争が長引いたという事実である。

　実際にはありとあらゆる資金を使い国債が購入された。

【二つの金融ツインタワー】

（出典：BIS、OCC）

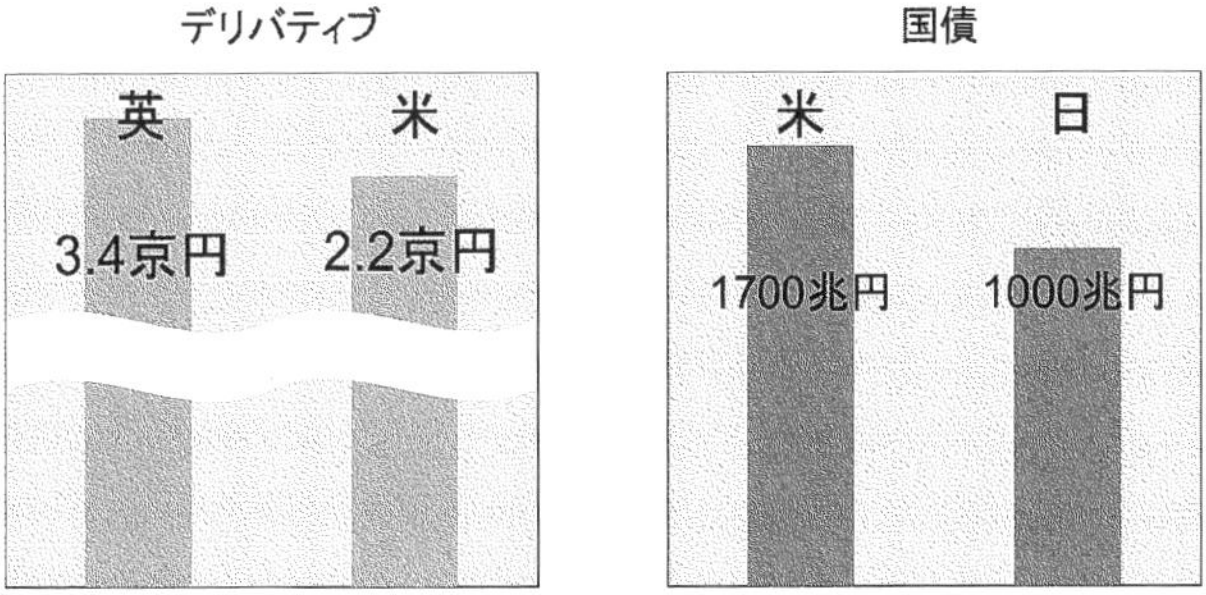

目的はひとえに金融のメルトダウンを防ぐことにあった。つまり、金融の逆ピラミッド（79頁）において、約8京円の規模にまで膨れ上がったデリバティブの崩壊を防ぐことである。そのために、その下に位置する国債などの債券を先進各国が協調して買い上げたが、この時に行われたことはＬＩＢＯＲ（ロンドン銀行間取引金利）の不正操作という前代未聞の出来事だった。

■戦争時の心理状態

これほどまでに異常な事態は政府の関与なしには不可能だったが、現在が金融大戦争や第三次世界大戦の渦中にあると考えると、どのような異常事態が発生しても不思議ではない。つまり戦争時には、人々が気の狂ったような状態になり、平和時では考えられないような悲惨な事件が発生する。ナチスの大虐殺を始めとして、これが本当に人間の行為なのかと考えざるを得ない事件が多発するのである。

誰も自分が異常であると考えず、狂ったようにバブルに熱中する傾向が止むのは、結局、バブルが崩壊する（戦争の終結）まで待たなければいけない。そして今回の金融大戦争も同様であり、熱狂から覚めた時に二日酔いの状態が予想されるが、その時には「後悔、先に立たず」という心理状態に陥ることも考えられるようである。

■金融大戦争（第三次世界大戦）の象徴

二つの金融ツインタワーで思い出されるのが、冒頭で申し上げた二つの人災である。２００１年に起きた二つの破壊事件のことだが、一つは3・11のバーミヤン遺跡であり、他の一つがご存じのＮＹのワールドトレードセンターである。つまり金融大戦争の始まりは、２００１年に二つの人災が起き、目に見える仏像やタワーの崩壊から始まったのである。

そして現在では金融大戦争の終戦の時期を迎えており、目に見えない二つの金融商品が存在する。つまり世界中の人々がお金を欲しがり、お金さえあれば人生は安泰だと考えた結果がこのツインタワーだった。しかし今後は、本当の信用崩壊により二つの金融ツインタワーが崩れ落ちるものと私は考えている。今までの推移を振り返ると、今回ほどタイミングの予想が難しいことはなかったのである。

■なぜ、金融戦争が長引いたのか？

金融戦争が長引いた原因は、ひとえにお金の謎に関する人々の無知や無関心にあった。人類史上、誰もお金の謎を解いた者は無く、歴史上、唯一発生した１９２９年の大恐慌の真因もいまだに解明されていない。そして人々が行ったことは欲望の象徴であるお金の追求である。そして心の方向性は自分だけに向かい、自分さえ良ければいいという社会が形作られてきたのだった。

その結果、度重なる天災や人災に悩まされ、現在では地球環境の崩壊までもが危惧されている。このような状況下でもいまだに人々の目が覚めていない。そして今後は誰もが驚くような大事件が発生し、世界中の人々が慌てふためくような時機が到来するものと、私は考えている。しかし結局は自業自得という言葉のとおりに、どのような大事件が起きようとも、それは人々が望んだ結果としての産物とも言えるのである。

■進化の過程

私自身の苦悩は1987年のブラックマンデーから始まった。その時に起きた事は世界的な株価の大暴落であり、ほとんどの人が大恐慌の再来を予想した。しかし実際には大恐慌は起きず、その後、日本のバブル崩壊へと続いていった。この時から私はお金の謎や時間のサイクルを考え続けてきた。そして間もなく答えが出るものと考えているが、今までの27年間を振り返ると結局は進化の過程だったようにも感じている。

つまりどのような個人、どのような社会も、それぞれが進化の過程にあり終着駅の無い旅を送っているが、一方で現在は過去よりも進化し、未来においてはより一層の進化が予想される。そのために決して将来を悲観せず、これからの大混乱期を迎えることが重要と思われる。実際にはお金の謎が解け、人々が信用創造のメカニズムを理解した時に、人類が飛躍的に進化する可能性が存在するのである。

■信用創造のメカニズム

前述のとおりに、約８０年前の１９３３年においては、世界的に金貨が貨幣として通用していた。その時には世界的な資金総量も現在とは比較にならないほどわずかな金額だった。しかしその後、実体経済の成長とともに資金需要が急増し、通貨制度の変更が行われた。この時に「信用創造」という、お金が生み出される仕組みが働いたのである。

つまり最初に金（ゴールド）が存在し、中央銀行は保有している金の信用を基にして紙幣を発行したが、当然のことながら、発行された紙幣の総額は保有している金の金額を上回るものだった。

換言すると、「目に見えない信用」が「目に見える紙幣」に変化したのだが、当時はほとんどが「兌換券」という、一定金額の金や銀と交換できる紙幣だった。その理由として、当時の人々は単なる紙切れを信用していなかった点が挙げられる。この点も現在とは隔世の感が存在する。

■民間銀行の信用創造

世界の中央銀行の歴史を紐解くと、ほぼ100年の歴史しか存在せず、日本の民間銀行についてもそれほど大きな違いは存在しないことが理解できる。また、戦後の高度経済成長においてはこれらの銀行が実に大きな力を発揮したのであり、紙幣を基にしてより大きな金額の預金が創り出された。これが民間銀行の信用創造が意味することだが、実はこの他に市場による信用創造が存在する。

具体的には先物や信用取引などのことである。この時には中央銀行や民間銀行の枠を超えて、新たなお金が創り出されるのである。

これがいわゆる金融商品と呼ばれるものであり、実際にさまざまな商品が存在する。その頂点に立っているのが現在のデリバティブである。しかし現在では、貨幣論が経済学からほとんど抜け落ちているために誰も注目しないのが事実だが、実はこのことが戦後のマネーの大膨張に大きな力を発揮したのである。

すなわち戦後の国債発行であり、1980年以降のデリバティブの大膨張のことである。

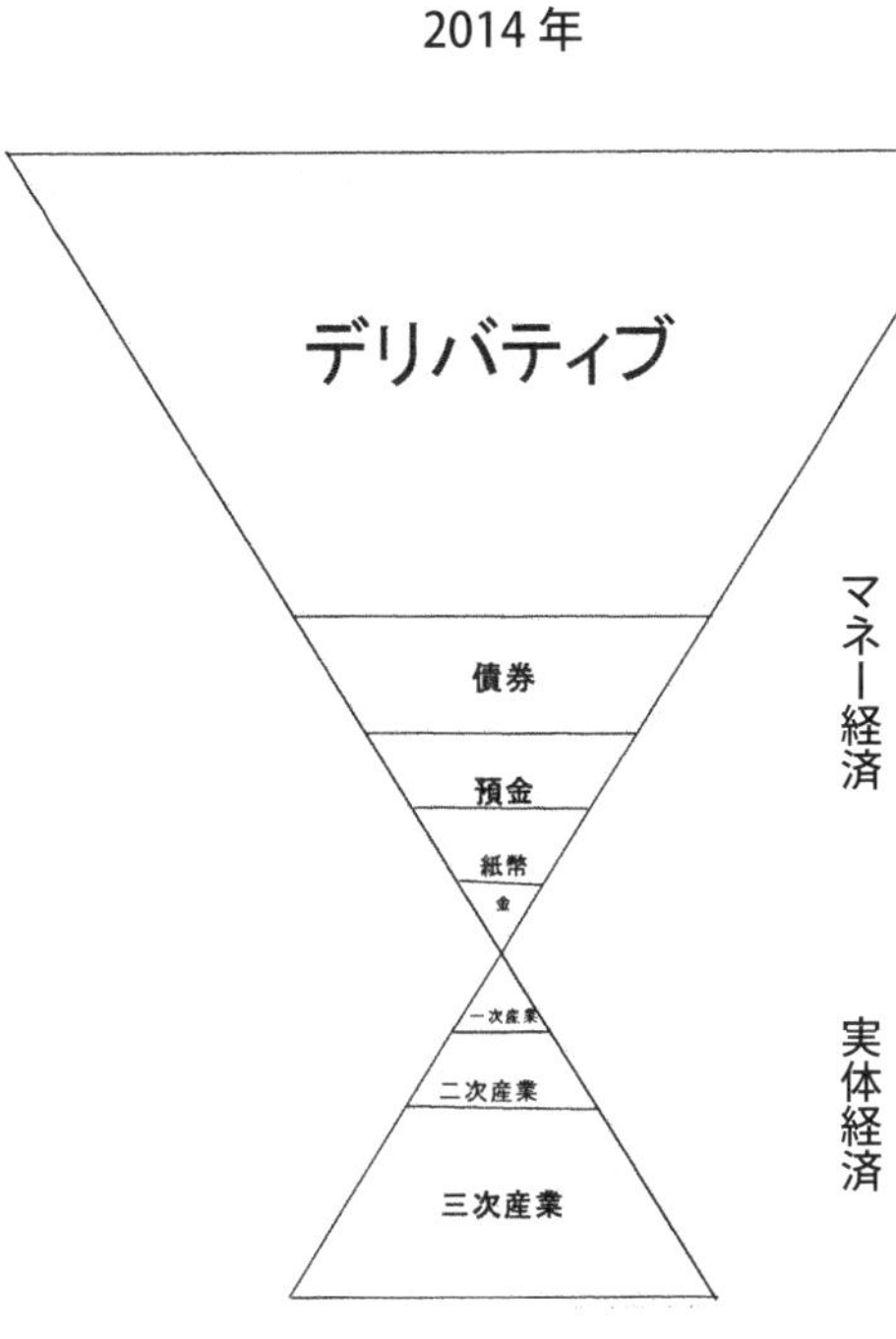

ご存じのとおり日本でも戦時国債が発行されていた。しかし敗戦によって実質的に紙切れとなった。新たな国債が発行されるまでに、実に約20年という時間が必要だったのである。別の言葉では、人々の記憶から薄れるためにはこれほどの時間が必要だったが、結果として現在では約1000兆円もの国債が日本に存在するのである。

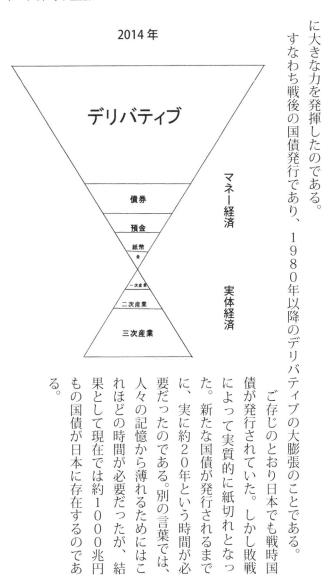

■現代の通貨

現在、「兌換紙幣」や「不換紙幣」という言葉は、ほとんど死語となった。そして「電子マネー」が当たり前の時代となっている。この点を信用創造のメカニズムから考えると、実に恐ろしい事態が予想される。前掲の実体経済とマネー経済のピラミッド（79頁）において、「預金」から上の部分が、全て影も形も存在しない、単なる数字に変化したという事実が見て取れるからである。

我々が使っているお金は絵に描いた餅にすぎず、人々が信用しなくなった時には価値がゼロになってしまうのである。そしてこのような通貨が価値を失う状況は過去100年間に30か国以上で起きているが、預金神話に縛られてお金を神様と信じる現在の日本人にとっては、全く信じられないことでもあるようだ。

■歴史は繰り返す

そして現在では再び敗戦の悲劇が繰り返されようとしている。「歴史は繰り返す」という言葉のとおりに、人間は何度も似たような過ちを犯す動物である。敗戦までは「鬼畜米英」と叫んでいた人々が、敗戦をキッカケにして、突如、「民主主義万歳」と言い出す状況のことである。現在、「第三の敗戦」を迎えつつあることは、マスコミで言われているだけでなく、多くの人が気付き始めている状況である。

明治維新によってそれまでの幕藩体制が終焉し、その後は文明開化や殖産興業が推進された。この時の日本人の意識変化もきわめて大きなものだった。

そして今回は「金融敗戦」を迎える時期に入ったが、実際には第二次世界大戦の末期と同様に、誰も敗戦を信じようとしない状況であり、この裏側には現状を直視したくないという心理が働いているのである。

■2009年以降の国民生活

2008年のリーマンショックは100年に一度の大事件と言われたが、その後の展開を考えると全くの誤りだった。あるいは政府に利用された可能性もあるが、実際に2009年から起きた事は、各国政府とメガバンクが協調した世界的な金融コントロールだった。つまり株価や金利、そして為替や商品などのほとんどが管理され、価格統制とも言える状況が生み出されたのである。その目的はひとえに金融システムと通貨制度を守ることにあった。

金融の逆ピラミッドが崩壊しないようにマスコミまでも動員して、ありとあらゆる情報管理が実施されたが、結果として起きた事は国民の生活が日々刻々と悪化したことだった。ゼロ金利政策によって預金の金利が貰えないだけではなく、賃金の低下によって人々の生活は年を追うごとに苦しくなっていったのだった。

しかもこの時に、年金支給額の切り下げや増税が実施されたが、100年に一度の金融混乱を経験した人たちが望んだことは景気の回復であり、より良い時代の到来だったのである。換言すると、「欲しがりません、勝つまでは」というような心理状態であり、自分が我慢すれば最後には国家が良くなり、そして自分も良くなると考えたのだった。

■金融における一億総動員

戦時中「一億総動員」という言葉が使われ、人々は戦時中のために自己を犠牲にしてでも国家に尽くすべきであると教えられた。しかし敗戦によって、尽くすべき国家が結果として一時的に消滅した。

現在も、ほとんど同じ失敗が繰り返されようとしている。国家の財政危機によりゼロ金利が当たり前となり、増税もやむなしと考える人が増えているが、私自身はこの点に戦争中と同じ

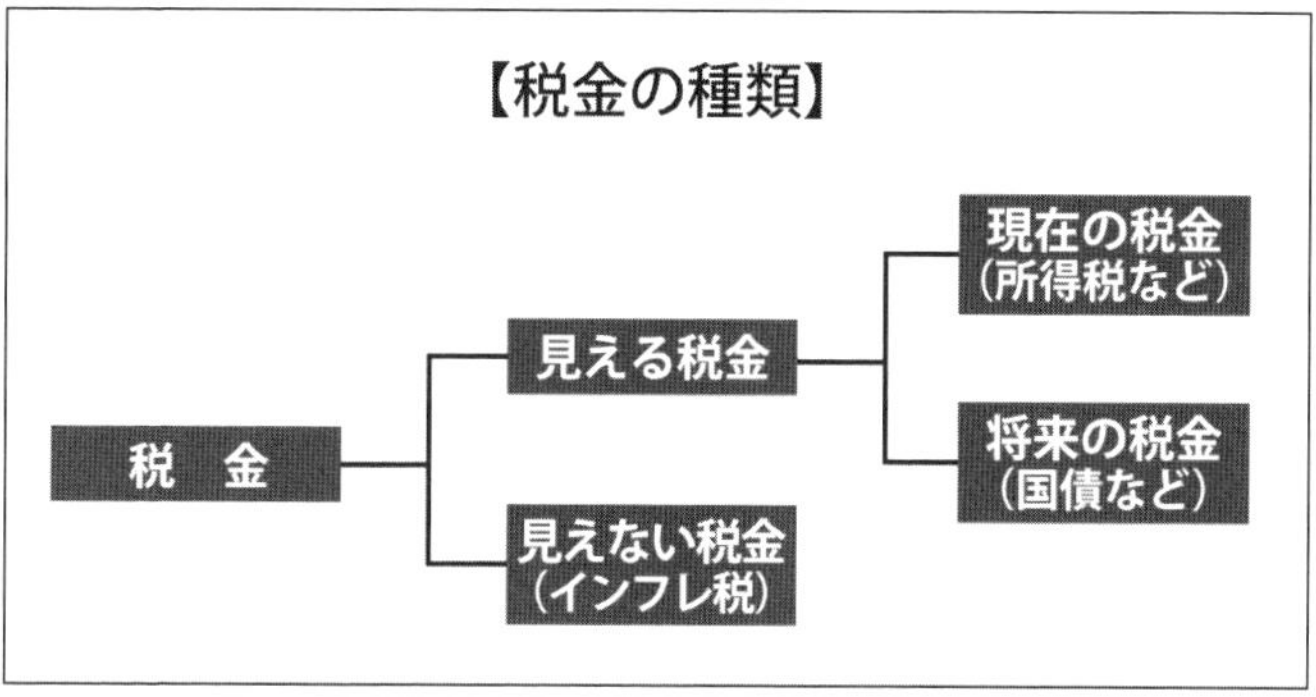

匂いを感じざるを得ないのである。

しかも戦時中にはきわめて無謀な作戦が実施され、多くの犠牲者を出したが、今回も似たような展開になっている。実際の戦争ではなく、金融面の戦争において犠牲となるのが預金や年金であり、国民の知らないところで勝手に国債に代えられていたのである。

■見える税金と見えない税金

税金には、大別して二種類が存在する。「見える税金」と「見えない税金」である。見える税金にも二種類が存在する。「現在の税金」と「将来の税金」である。

現在、我々が考えている税金は所得税や消費税などの目に見える、現在の税金のことである。また、将来の税金は主に国債の発行を意味している。国債は将来の税金が、支払いの手段となっているのである。

そして仮に、現在の国債残高が約１０００兆円、現在の税収が約５０兆円と考えると、日本人は実に２０年分もの税金を、将来的に支払うことを約束させられていることになる。

このような状況下で起きることは往々にして国債価格の暴落だが、実際に１９９１年のソ連では、最後の段階で誰も国債を買う人がいなくなったのだった。長期国債が売れなくなり、短期国債も売れない状態になったのだが、これは国民が国債を信用しなくなった証拠だったのである。

■インフレ税の課税

誰も国債を買う人がいなくなると、どのような事態が発生するのか？　これは、これからの大きな注目点だが、１９９１年のソ連崩壊時では大量の紙幣増刷が実施された。そしてこの点は、他の国でもほとんど同じ状況だったが、現在では同様の悲劇が日米欧の先進国で繰り返されようとしている。また、紙幣の増刷がインフレ税と呼ばれるのはなぜかという点については、信用創造のメカニズムを理解する必要性がある。

具体的には、「富は新たな通貨を発行したものに移転する」という法則のことである。

仮に日本人が１０００兆円の富を保有し、そして１０００兆円の紙幣を保有すると仮定すると、「1単位の富」と「1単位の紙幣」が同じ価値を持つことになる。しかし、この時に国家が1000兆円の新たな紙幣を発行して市場に流通させる変化が起きると、その時には1000兆円の富は変わらないものの、市場には2000兆円もの紙幣が流通するのである。

■通貨価値の下落

この時に起きることは、「1単位の紙幣で買える富の量が半減する」ことだが、発行された「1000兆円の新たな通貨」については「国家の所有分」とみなされるのである。つまり「1000兆円の富」に対する請求権を考えると、最初は国民が1単位（1000兆円）を持っていたにもかかわらず、新たな紙幣の発行後は、2分の1単位の500兆円になってしまうのである。

このことがどのような現象となって表れるのかについては、当然のことながら物価の上昇であり、実際には商品価格が2倍になる変化である。

これがいわゆる「通貨の堕落」と呼ばれるものであり、江戸時代の日本でも、たびたび実行されたことだった。つまり、幕府に資金不足が起き、小判の中の金の含有量が減らされたが、この時にも物価上昇が起きて庶民が犠牲となったのである。

■日銀のバランスシート

２０１４年１０月末時点で、日銀のバランスシートは次の表（上）の状態となっている。具体的には総額が約２８６兆円、当座預金が約１６７兆円、そして国債保有残高が約２４０兆円だが、注目すべき数字は当座預金である。

２００１年に、それまでの準備預金が当座預金に名称変更され、当座預金の増加が量的緩和と理解されるようになったが、本来は準備預金の増加は金融引き締めを意味していた。

2014年11月5日
日本銀行

（単位：千円）

負債および純資産	
銀行券	87,235,622,176
預金	167,700,967,974
他預金[9]	1,250,218,791
預金	1,344,520,632
先勘定	22,369,567,954
定[10]	202,402,299
金勘定	3,848,399,108
金	100,000
金	2,886,288,309
	286,838,087,246

2009年1月6日
日本銀行

（単位：千円）

負債および純資産	
行銀行券	81,478,339,801
座預金	15,192,336,106
の他預金[5]	11,822,489,613
府預金	3,509,361,335
現先勘定	4,054,282,935
勘定[6]	872,430,290
当金勘定	3,226,549,958
本金	100,000
備金	2,614,963,143
計	122,770,853,185

より詳しく申し上げると、景気が過熱した時には準備預金を増やすことにより民間銀行から資金を吸い上げる調整がなされ、このことが金融引き締め政策の一つでもあった。

しかし現在では、当座預金の増加は量的緩和であると考えられており、しかもこの方法を欧米の中央銀行までもが踏襲している。

営業毎旬報告（平成26年10月31日現在）

資産	
金地金	441,25
現金1	262,85
国債	240,584,83
コマーシャル・ペーパー等2	2,316,06
社債3	3,197,56
金銭の信託（信託財産株式）4	1,351,49
金銭の信託（信託財産指数連動型上場投資信託）5	3,396,93
金銭の信託（信託財産不動産投資信託）6	165,48
貸付金	28,920,16
外国為替7	5,641,31
代理店勘定8	13,12
雑勘定	546,99
合計	286,838,08

営業毎旬報告(平成20年12月31日現在)

資　　　産	
金地金	441,253,
現金1	180,198,
買現先勘定	14,097,636,
国債*1	63,125,580,
金銭の信託(信託財産株式)2	1,269,784,
貸付金*2	25,770,900,
外国為替3	17,287,024,
代理店勘定4	151
雑勘定	598,321
合計	122,770,853

*1国債の内訳

長期国債	41,340,496,5
短期国債	21,785,084,3
	25,515,300,0

*2共通担保資金供給オペレーションによる貸付金

しかも超過分である旧来の準備預金を超える金額については、２００８年１１月以降、０・１％の金利まで日銀が民間金融機関に支払っているのである。

■日銀のバランスシートは、どのように変化したのか？

世の中や相場を見る上で重要な点は、時間とともにどのように変化したのかを理解することである。ここでも人間の身体と同様に、何が原因で現在の病気が発生したのか考えることである。

そして単なる対処療法ではなく、根本的な治療が大切なのだが、現在の日銀は治療不可能な事態にまで進展してしまった。リーマンショックが起きた２００８年の年末と、現在とを比較するときわめて大きな変化が起きており、すでに収拾不能な状態になっているのである。

具体的に２００８年末は、総額が約１２２兆円、当座預金が約１５兆円、そして国債保有残高が約６３兆円というように、現在とは比べ物にならない金額だった（86～87頁下表）。

しかも現在では、約５００兆円の日本の名目ＧＤＰに比較すると、日銀のバランスシートが約５７％の規模にまで増加しており、このことも前代未聞の状態とも言えるのである。

■紙幣の増刷

また、この間の発行銀行券の推移を見ると約81兆円から約87兆円にまで増えたが、全体の金額からするとわずかな増加にすぎず、本格的なインフレ政策がまだ実施されていないことが見て取れる。つまりソ連の崩壊時とは違ってまだ余裕がある状態だが、今後、市場の反乱が起きた時には一挙に紙幣の大増刷が予想されるのである。

2014年6月のBISの年次総会で危惧されたことは、「中央銀行は最後の段階でどのような手段も実行する。しかし常に後追いの状態となり、市場の反乱が起きた時に一挙に、金融政策の変更を迫られる」ということだった。換言すると、中央銀行の中央銀行とよばれるBISは、以前から先進各国の金融政策に対して警告を発し、一刻も早い金融政策の正常化を望んでいたが、各国の中央銀行は聞く耳を持たなかったのである。

■プログラム売買による金融コントロール

市場の反乱とは国債価格の暴落（金利急騰）を意味しているが、２００７年の金融混乱以降に起きた事は、典型的な金融のコントロールだった。日本の１０年国債を筆頭にして、強烈な国債の買い支えが実行された。同時に起きたことはプログラム売買による円高、株安への誘導だった。つまりデフレや景気悪化が報道され、人々は景気が悪いから株安になり金利が低下したと思い込まされていたのだった。

このような状況は、日本において２０１２年末まで続いたが、ご存じのとおりに、この状況を変化させたのが安倍首相の再登板だった。アベノミクスの名の下に、いわゆる「異次元の金融緩和」が実施された。しかしそれでも国債価格の騰勢が止むことはなかった。円安、株高をものともせず、日本国債の価格だけが単独で上昇を続けたのである。

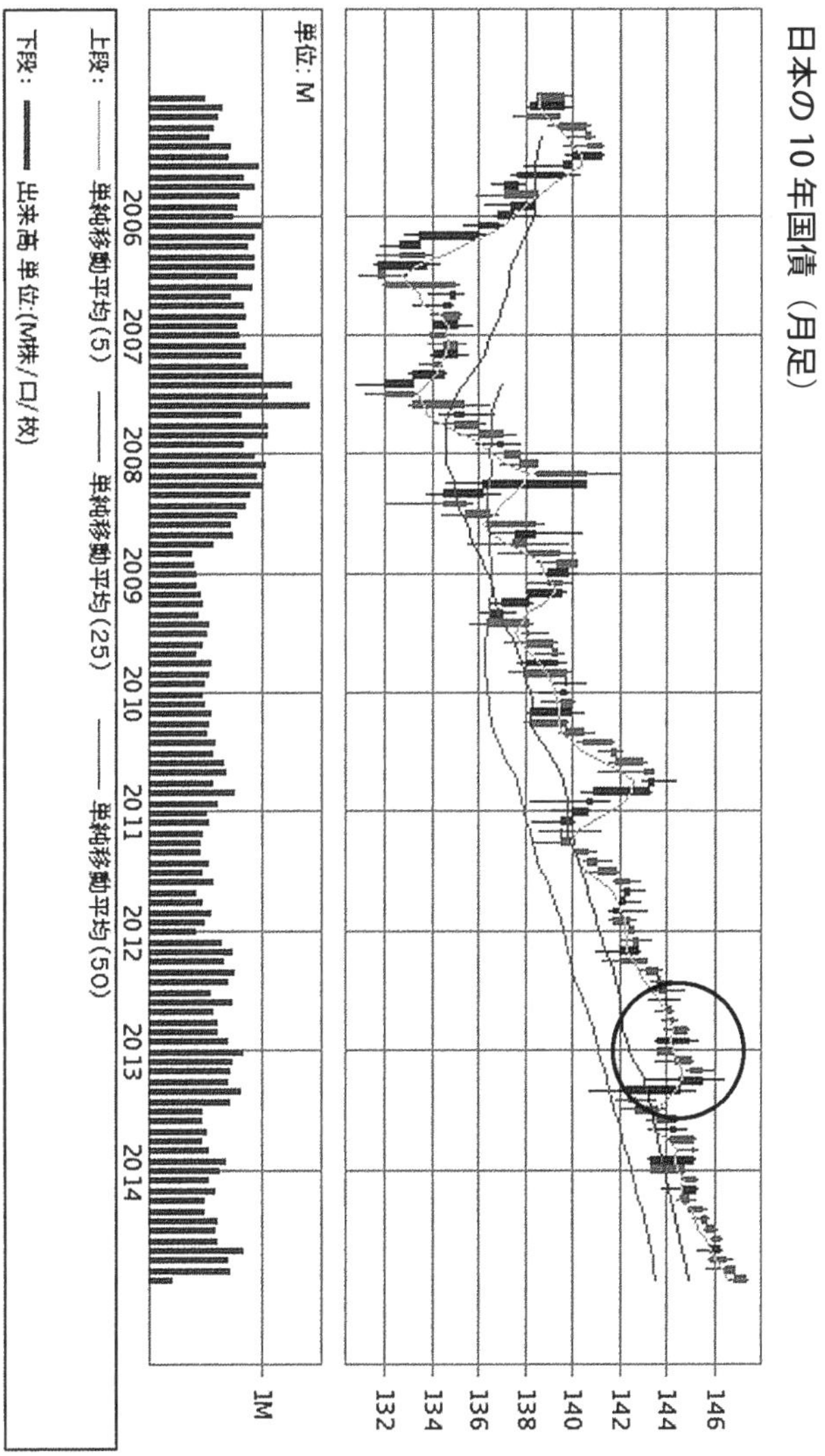
日本の10年国債（月足）
単位: M
上段：単純移動平均(5)　単純移動平均(25)　単純移動平均(50)
下段：出来高 単位:(M株/口/枚)
2006
2007
2008
2009
2010
2011
2012
2013
2014
132
134
136
138
140
142
144
146
1M
(c)Ouants Research Inc.

円・ドルレート（月足）

(c)Ouants Research Inc.

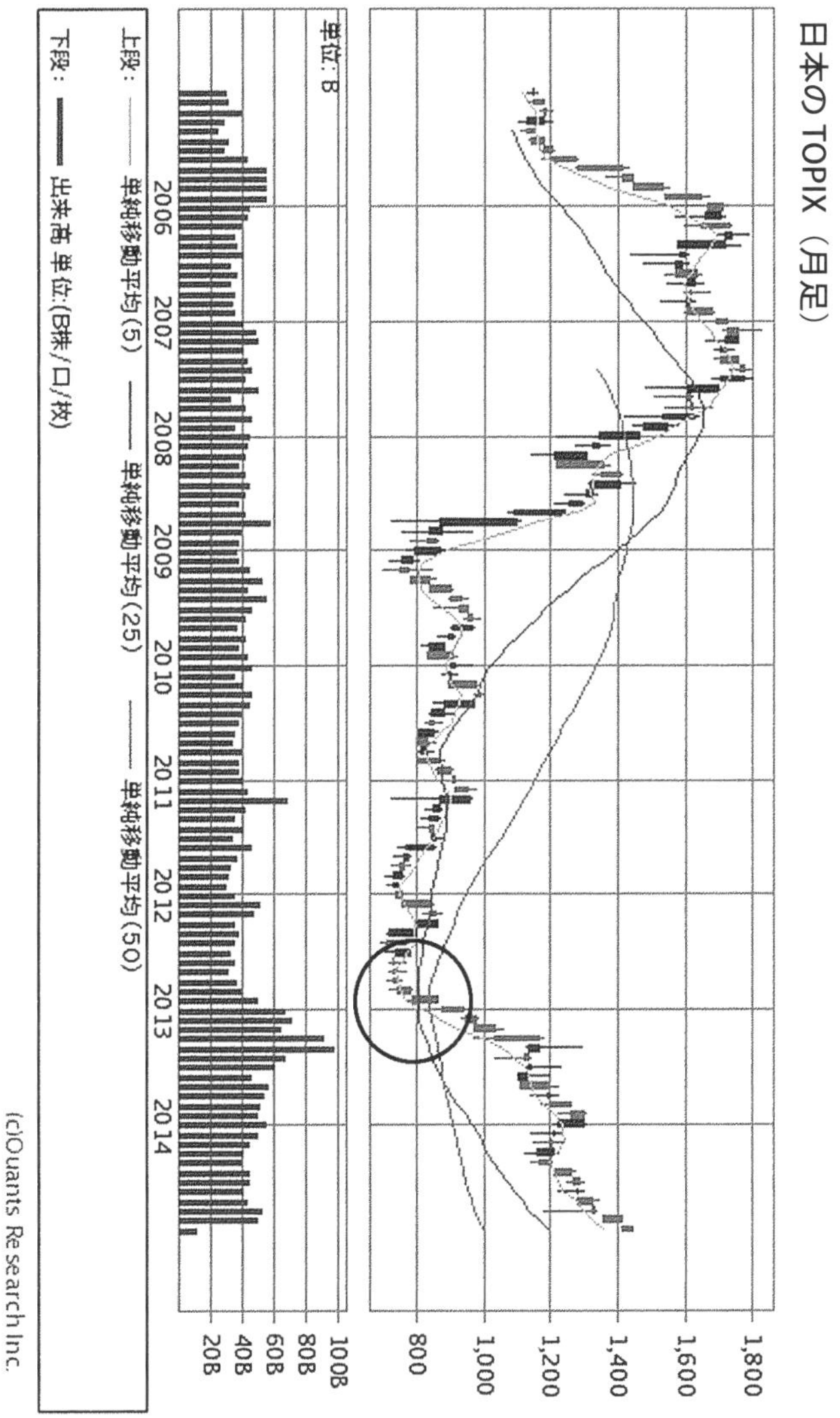
日本のTOPIX（月足）
単位: B
2006
2007
2008
2009
2010
2011
2012
2013
2014
800
1,000
1,200
1,400
1,600
1,800
20B
40B
60B
80B
100B
上段：単純移動平均(5)　単純移動平均(25)　単純移動平均(50)
下段：出来高 単位:(B株/口/枚)
(c)Quants Research Inc.

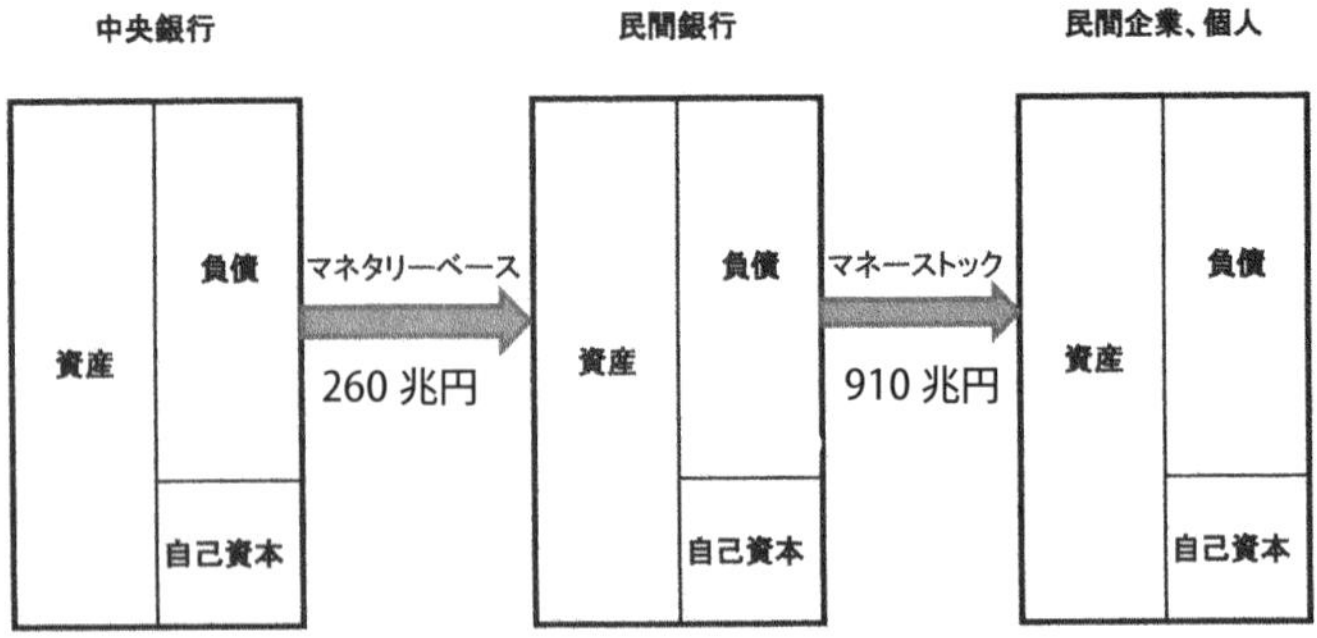

■アベノミクスの目的

２０１２年の１１月に、安倍晋三氏が再び日本の首相に選任された。そしてこの時から大胆な金融政策を実行したが、このことがいわゆるアベノミクスと呼ばれる金融政策だった。その目的は市場への資金投入による景気の好転であり、その結果として税収の増加が目論まれたが、実際にはあまりにも無謀な政策であり、かつ、亡国の金融政策でもあった。

金融システムを無視した机上の空論だった。本来、景気の上昇には、民間銀行から民間企業や個人へ資金が流れる必要性があり、このことがいわゆるマネーストックの増加を意味している。換言すると、民間銀行が市場へ資金を供給し、結果として金回りが良くなる状態だが、今回は全く違った手法が取られたのだった。

現在、中央銀行から民間銀行への資金供給（マネタリーベース）は約２６０兆円であり、民間銀行から企業・個人への資金供給（マネーストック）は約９１０兆円である。問題はマネタリーベースだけが増え、マネーストックが想定通りに伸びていかないことである。

■名前を変えたリフレーション政策

アベノミクスがもたらしたものは中央銀行の資産大膨張であり、借金バブルの更なる膨張だった。しかも当座預金という民間銀行からの資金借り入れを急激に増加させたが、一方で民間企業や個人へは、一部の大企業を除いて資金が回ることはなかった。反対にクラウディング・アウトという言葉のとおりに、国家や中央銀行に資金が集中し、民間部はゼロ金利により金利を受け取れない状況だったのである。

今回のアベノミクスは典型的なリフレーション政策であり、実際には国家の資金繰りを賄うために、中央銀行が自らの資産を膨張させる方法だった。しかも、この時に紙幣の増刷を極限にまで抑えながら、民間銀行からの資金調達を行ったために、本来のクラウディング・アウトとは違って金利の上昇が抑えられた。別の言葉では、国債を力任せに買い支える方法が取られたために金利が上昇しなかったが、このことは単なる時間稼ぎにすぎなかったのである。

■先進国の協調介入

歴史を紐解いても、今回ほど無謀な国債の買い支えは過去に例が存在しない。そして、この理由としては先進国の全てが財政破綻の危機に瀕している点が挙げられるが、驚かされたことは先進国が協調介入を行うとこれほどまでの異常な相場が形成されるという事実だった。つまり手負いの獅子の状態となり、死に物狂いで行動するときわめて異常な経済状態が形成されるのである。

そして、このことは「木の葉が沈んで、石が浮く」という相場の格言によってある程度は予想が可能だったが、今回のような財政破綻の危機に瀕した日本で、10年国債金利が0・315％にまで低下するということは想像もしなかった。しかし反対の観点からは、限界点に達し逆回転が始まった時に、どれほどの大混乱がおきるのかという恐怖心を抱かざるを得ないのである。

■国家の体力

国家の体力は金利と為替によって表される。つまり国力の強い国、あるいはこれから強くなる国では為替が強くなり、金利低下が起きる。反対に国力の弱い国や財政危機に見舞われた国では、金利急騰と同時に為替の下落に見舞われる。実際に1995年のアメリカは瀕死の状態であり、デフォルト（債務不履行）が懸念される状況だった。

そしてこの危機を救ったのが、前述のとおりデリバティブの大膨張だったが、正確には危機を救ったのではなく、時間稼ぎをしたのだった。しかし現在では全ての政策を使い果たし、国債を買い支える資金も枯渇し始めている。国家の体力が限界点に達しつつあることを意味している。

しかも現在では、僅かな金利上昇で中央銀行の財政状態を急速に悪くする効果が存在するが、日銀の当座預金に関して短期金利が1％にまで上昇するケースを考えると、その時の金利負担については、約1・5兆円という途方もない金額にまで膨らむのである。

■短期借りと長期貸し

過去に起きた金融機関の破綻を見ると、多くの場合に短期借りと長期貸しが行われていた。具体的には短期資金を調達しながら長期投資をする方法だが、この時の問題点は調達した短期金利は変動するものの、投資された長期の債券は満期まで変動しないことにある。つまり、1％

の短期金利を借りて、1・5％の10年国債に投資した場合、当座は0・5％の利ザヤが取れる計算になる。

しかしその後、短期金利が2％にまで上昇すると支払金利が2％、そして受け取り金利が1・5％というように、0・5％の逆ザヤとなってしまう。しかも現在のように歴史的な超低金利状態の時に短期借り、長期貸しを行うと、きわめて大きなリスクが存在するが、このことを未曾有の規模で実施しているのが現在の日銀である。

■政府と国民との我慢比べ

現在、政府と国民との間で我慢比べの相場が起きている。政府が行っていることはゼロ金利政策と国債の買い支えによる時間稼ぎと問題の先送りである。国債という国家の借金残高を増やし続け、かろうじて国家財政の破綻を防いでいるが、一方で国民の態度は依然として預金神話にしがみ付いている。

そして現時点で起き始めたことは、商品価格の上昇などにより、預金の価値が実質上、目減りを始めている状況である。あるいは、いろいろな増税によって収入面での目減りも発生しているのであり、この時の国民の心理としては、より一層お金に対する盲信が加速してきたことが理解できるのである。

過去数年間、政府の借金は雪ダルマ式に増えた。しかし日銀による国債の買い支えにより表面上は全く問題が起きていないような状況だった。つまりアベノミクスへの「信頼感」により、時間が経てば世の中の状況が好転すると考える人が依然として多く存在したのである。このことは、政府と国民の両方が座して死を待つような状態とも考えられる。

つまり実体経済においても、日本の国際競争力の減少により外貨を稼ぐ力が減退している。今後の注目点としては、政府と国民のどちらが我慢比べに耐え切れなくなるのかということである。

■黒田日銀総裁のバズーカ砲

２０１４年１０月２９日のＦＯＭＣの声明文に続き、１０月３１日には日銀の追加金融緩和が発表された。このことは「黒田日銀総裁のバズーカ砲」と呼ばれ、市場からは好意を持って受け止められた。問題はアメリカの量的緩和が終了した時に、日銀による更なる量的緩和が本当に可能なのかということである。

日銀がどのようにして国債などの購入資金を調達するのかという点が気にかかる。実際には

80兆円の国債買い付けが単なる口先介入に終わる可能性も存在する。具体的には、当座預金の増加に限界点が存在し、日本だけが単独で量的緩和を継続できるのかという点であり、大幅な円安に見舞われた時に、日本の超低金利状態が継続できない可能性である。

そしてこの時には、国債価格の暴落（金利の急騰）や日銀による紙幣の増刷も予想されるとともに、インフレ率の急騰も考えられるのである。つまり、国民が実態に気付き、慌てて実物資産の購入を始める状況だが、過去のケースでは紙幣の増刷が始まると、その後本格的なインフレ（通貨価値の下落）が発生した。そして現在の日本も同様のパターンを辿りつつあるが、この時に注目すべき点は、やはりケインズの言葉であり、「通貨の堕落過程では百万人に一人も気づかないような状態で崩壊の力が働く」というものである。

■理論と現実との乖離

本来、どのような経済現象も理論的に説明が付くはずである。そして既存の理論で現状説明ができない時には、新たな要因、新たな変化が起きていることに気付く必要性がある。

1971年のニクソンショック以降の金融界は、まさに新たな出来事の連続だった。そして私自身もこの点に悩まされ、さまざまな試行錯誤を繰り返してきた。今から思うと、「日の下に新しいものは無い」という言葉のとおりでもあった。

つまりどのような新たな現象といえども、規模の違いこそあるものの、必ず過去に似たような出来事が存在する。そして現実の数字が公表されれば理論的に説明が付くが、今回のデリバティブについては、一握りの金融機関が簿外取引で行ったという状況であり、このためにより複雑な問題が発生したのである。

■ＬＩＢＯＲの不正操作

事実が隠され、権力の暴走が起きると、世の中では時としてきわめて異常な事態が発生する。その一つがＬＩＢＯＲ（ロンドン銀行間取り引き金利）の不正操作だった。この点については現在でも実態が解明されておらず、金利も異常な状態に放置されている。

世界的な超低金利状態が依然として継続し、史上最低水準で各国の国債が取り引きされている。２００７年当時の私にとっては、金融混乱の始まりを的確に予想できたことに満足し、その裏側でどのような事が起きているのかを理解できなかった。

その結果として、２０１４年末においてもいまだにデフレが信じられ、国債の買い支えが継続しているが、実際には借金バブルの大膨張であり、国家体力の急速な低下である。

つまり、２００９年の私の予想からは時間的な遅れが生じたものの、状況的には全く変化が無いとも考えている。そのために、今後の世界情勢がたいへん気にかかるが、問題は何時、実際にインフレが始まるのかということである。

第三章　堕落した日本人と残された希望

■ジャパンナッシング

１９８０年代、『ジャパン・アズ・ナンバーワン』という本が一世を風靡した。当時の日本人は、自分たちが世界一になったと自画自賛したが、実際にはこの時が日本の絶頂期だった。その後は「ジャパンバッシング（日本叩き）」が起きるとともに、「ジャパンパッシング」という、日本抜きでいろいろな交渉が行われる時代へ変化したのだった。

しかも現在では「失われた２０年」という言葉のとおりに、日本人は自信を失い、単に預金にしがみ付いているだけの状況である。このような姿を見て、外国人は「ジャパンナッシング

（何もない日本人）」という言葉を使い始めている。現在の日本は、表面上お先真っ暗の状態であり、この原因は史上最大の高度経済成長に慢心して一時的な堕落状態に陥っていることにある。

現状がどのようになっているのか、なぜこのような状態に陥ったのかを考えることにより、日本人の将来性を考えてみたい。相場の格言のとおりに、「夜明け前が最も暗いが、明けない夜は存在しない」という状況を想定しながら、これからの本格的な金融大混乱期に日本人に覚醒が起きることを期待している。

そしてこのことが、明治維新と第二次世界大戦に続く、「第三の覚醒」だと思われる。この章では、過去3年間に執筆したコラムを抜粋、加筆しながら、どのようにして日本人が堕落したのか、日本人にどのような希望が残されているのかを考えてみたい。

＊2012年のコラム〜〜〜〜〜〜〜〜〜〜〜〜〜〜〜〜〜〜〜〜〜〜

【日本人の預金神話】

「1995年から2010年」は「崩壊の時代」であり、私自身は、戦後に形成されたいろいろな神話の崩壊を想定していた。そして、実際に、「銀行の不倒神話」や「終身雇用神話」、あるいは「日本の安全神話」などは完全崩壊し、現在ではこのような神話の存在さえも知らない若者が多くなってしまった。しかし現状を分析すると、いまだに存在する神話が一つだけある。それは「日本人の預金神話」であり、預金さえ持っていればどのような事態になっても安全だという考え方である。

その結果として、多くの日本人はいまだに預金にしがみついているが、実際には現在の通貨はすでに「絵に描いた餅」の状態になっている。このことも知らずに、銀行預金に存在する「単なる数字」を信じ込んでいるのである。

【日本の四殺】

世界の金融は「風雲、急を告げる」状況となってきたが、このような混乱を見るたびに明治維新の時に勝海舟が述べた「日本の四殺」が思い出されてならない。「欲を以て身を殺し、貨財を以て身を殺す。政治を以て民を殺し、学術を以て天下を殺す」というものだが、この言葉は戦後の日本経済を象徴するとともに、現状を的確に表している。

混乱の原因として、国民の生活よりも、自分たちの地位や給料の方が大切だと考える政治家の態度が挙げられる。結局は「選挙に落ちれば普通の人」という言葉のとおりに、現在の政治家はほとんどが国会議員の肩書が欲しい人の集団になってしまった。その結果として、3・11大震災の被害者や放射能汚染に悩む人たちのことはほとんど無視され、消費税や原発の再稼働などの問題だけに猛進しているのである。

【サラリーマン化した日本人】

バブル崩壊以降、ソニーやシャープなど、数多くの日本の企業が驚くほどの凋落ぶりを見せた。この原因としては、日本人がかつて持っていた職人魂を忘れ、サラリーマン化した状況が浮かび上がってくる。国民や企業が良い製品を作り、海外から評価されて買ってもらったことが、戦後日本の奇跡的な高度成長の理由だったが、バブル以降の日本ではこの点がすっかり忘れ去られたのだった。

私はこれからの金融大混乱期に、日本人の意識が大きく変化するものと考えている。今までは、これほどまでに危機的な混乱状況が存在しなかったため、日本国民は「水茹での蛙」の状態に陥っていた。つまり、「サラリー（給料）」という「お金」を貰うことが人生の目的となってしまい、会社や社会の中でどのような事をすべきなのかという本来の使命とでも言うべき点が軽視されてきたのである。

【30年前のアメリカ人】

顧客がどのように考え何を求めているかよりも、会社の中でどのようにして自分の地位を上げるかに力を注ぎすぎ、結果として、会社そのものが世界的な競争力を失った状態が現在の日本である。

しかしこのような状況は「30年前のアメリカ」でも起きていた。目先の利益だけを追い求め、長期的な問題である商品・サービスの革新や改良を忘れたために、世界的な競争力が失われたのだった。実は、そのような状況下で成功したのが今をときめくアップルやマイクロソフト、グーグルやインテルなどの企業だった。

そのため、20年から30年前のアメリカとよく似た現在の日本にも、再び職人魂が復活することを願っている。この時に必要なことは、顧客にベストの仕事をして心から喜んでいただくという精神の復活である。そしてこの時の必要条件は「お金は仕事の結果として付いてくるものだ」という考えを持つことである。

【日本の内憂外患】

四書五経の一つである『大学』に「小人をして国家を為（おさ）めしむれば、災害並び至る」という言葉がある。現在の日本の内憂外患は、まさにこの言葉の通りになっている。自民党が国民のことを考えずに、亡国の金融政策を実行している状況のことだが、この点については前の首相も同様の状態だった。つまり、有名な政経塾を出て街頭演説をしただけで、実務経験が皆無に等しい政治家は、今後の日本人にとって偉大な反面教師だったのである。

そしてこれから必要なことは、数多くの内憂と外患を丁寧に解決することである。まずなすべきことは一刻も早い国家財政問題の解決である。本当の意味での海千山千の政治家や官僚が表に出て、具体的な問題解決が求められているが、現在の内憂についてはやはり未曽有の規模でマネーが大膨張している点が指摘できる。国家の膨大な債務と、その裏側に存在するデリバティブが理解できない限り、決して本質的な問題解決はできないのである。

また外患としての外交や領土問題については、単なる知識だけでなく「見識」や「胆識」

という、実践を通じて得られた智慧や胆力を持った人々が、実際の外交に当たる必要性がある。同時に、国民も相当の覚悟が必要とされている。つまり大きな流れから今後の展開を考えると、核爆弾を使用した世界的な大戦が起きる可能性はほとんど存在せず、反対に、世界各国が内憂である国家債務問題の対応に追われる状況が想定できるのである。

【神様の言うとおり】

私が小さかった頃、１０までの数を数える時に、一本ずつ指を折りながら「かみさまのいうとおり」と言ったことを記憶している。しかしそれから５０年以上も経過した現在、自分自身は子供たちにこの言葉を教えなかったのではないかと反省するとともに、時代の変化の大きさにも大いに驚かされている。

神や天を無視し、自分の力だけで人生を切り開いてきたという傲慢さが、いつの間にか世界中を支配していたのである。これは私を含めた現在の日本人に共通する現象だが、日本人全体がお金に支配されたことに、現在の混迷の根本的な原因が存在する。

受験戦争を勝ち抜き、有名大学を出て大企業に就職すれば、生涯、高給が保証されると考える人が増えた。だが実際には、東電やＪＡＬのように堕落した大企業ほど危険なものはない状況にもなっている。

また多くの国民は、国家が生活保護などの救済策により我々を保護してくれると期待している。しかし実際には「金の切れ目が縁の切れ目」という言葉のとおりに、資金繰りに行き詰った政府は国民から税金を搾り取る状況となり、最後には国民の反乱が起きることも歴史が教える真実とも言えるのである。

そして今後、お金が頼りにならなくなった時に、神様に頼る人が増えることが考えられるが、昔の人々は神や天に対する畏怖心を抱き、子供たちに「神様の言うとおり」という言葉を教えた。現在、多くの人々がパワースポットや神社仏閣などに頼る心理状態は、まさに人々の心が神や天に向かい始めていることを物語っており、このことも８００年前や１６００年前と同じように、文明の大転換が起きている証拠の一つでもあるようだ。

【国債にあらずんば、資産にあらず⁉】

「歴史は繰り返す」という言葉のとおりに、世の中には一定のサイクルがあり、その要因となるのが人々の意識や行動である。例えば、「平家にあらずんば人にあらず」という言葉が生まれるほど繁栄した平家が、その後あっという間に没落したが、この原因は権力集中や権力者の奢り、そして人々の不満や憤りなどの意識や行動の変化が考えられる。

これは権力や富が偏在し、一握りの人々がその権力を思いのままに行使するという「権力の極み」とでも呼ぶべき状況が生まれた時に、世の中の大転換が起きて絶対的な権力者があっという間に滅びてしまう構図である。そして歴史を尋ねると、このような事例は頻繁に見られるが、興味深い点は当時の人々が平家の繁栄は永遠に続き、源氏の再生など有り得ないことだと信じていた点である。

しかし歴史の醍醐味は１１８１年に平清盛が逝去した後、１１８５年の源平合戦で平家が滅亡してしまう大変化が起きたことにある。そしてその後、１１９２年に鎌倉幕府が誕生したという史実が示すように、源氏と平家の争いによって崩壊したのは平家のみならず平安の貴族政治そのものだったのである。

時代の大転換期に起きるのは、往々にして二つの勢力が争うことにより、それまでに存在した根本的な基盤が崩れてしまうことである。明治維新の時にも開国派と攘夷派が争い、結果として幕藩体制が崩壊した。このような観点からすると、現在の税金や生活を巡る政府と国民との我慢比べがたいへん気にかかる。実際には官僚支配体制の崩壊が起きる前兆とも考えられそうだ。

つまり「官僚や政治家にあらずんば国民にあらず」というような状況、あるいは「国債にあらずんば資産にあらず」というような状態が、間もなく大転換期を迎えることが予想されるが、現在は国民の不満や憤りが限界点に達し、既存の金融システムや通貨制度が崩れる前夜とも考えられるのである。

【歴史のダイナミズム】

歴史を研究すると実に多くのことに気付かされる。これは自分がいかに何も知らないかの証明でもある。人生は一生、学びの連続であるが、以前に伺った話として、「悟り」はある瞬間に全てのことがわかるというようなものではなく、生涯、学び続け向上し続けることに気付くことが本当の意味での悟りであり、決して終わりが無いものだということだった。

そしてこのことは歴史や相場だけでなく、人生の全てに当てはまると思われる。特に現在のような時代の大転換期においては、歴史のダイナミズムを理解し、決して短絡的な思考法に囚われないことが重要だと考えている。しかし多くの人が陥る罠（わな）は、「自分が経験したことが無いことは起きるはずがない」と考えてしまうことである。

つまり自分の人生経験から得られた知識が全てであり、過去の歴史でどれほどの大変化が実際に起きていたのかを考えようともしないのである。例えばお金の奴隷となった現代人は、現代のお金がどれほど異常な状態になっているのかについて、ほとんど思考停止の状態になっているのである。

換言すると、60数年前の敗戦時と同様に、預金さえ持っていれば一生、生活には困らないというような預金神話に囚われている。このことは戦争時において敗戦を現実に経験しない限り、「日本は神の国であり決して戦争に負けることはない」という神話から解き放たれなかったことと同じ状況である。

そして、その後の経済発展は、僅か数十年で世界第二位の経済大国にのし上がるほどのスピードだったが、これは敗戦という大きなショックがその後の奮起を促したのだった。このような観点からは、現在の預金神話や、これから想定される預金が紙屑になるような事態は天の計らいとも考えられる。結局は最も大きな衝撃を日本人に与え、これから世界で最も厳しい少子高齢化社会に直面する日本人に対して、大きなエネルギーを与える可能性である。

【歴史のアナロジー】

現在の日本は明治維新前夜の状況とよく似ている。歴史を尋ねると、往々にしてこのような歴史のアナロジー（類似性）に遭遇する。そして「温故知新」という言葉のとおりに、過去のパターンを研究することにより、将来の姿がある程度見えてくる。このことは今回の政治の混迷や金融大混乱についても応用できるものと考えている。

明治維新により幕藩体制が崩壊した事実は、これから予想される官僚支配体制の崩壊に似ている。この時に重要な意味を持つのが現在の金融大混乱である。つまり幕藩体制が維持できなくなった原因の一つに幕府の財政難が存在し、実際に明治維新の前年には極度のインフレに悩まされたが、今回は円安の進行と日本国債の暴落が大きな注目点である。

具体的には、円安の進行により日本の輸入物価が上昇し、結果として超低金利の状態が維持できなくなる状況のことである。しかも今回は、安倍首相が「異次元の金融緩和」を実行したことにより、日銀のバランスシートが急拡大したが、その理由として国債の大量買い付けが指摘できるのである。

このことは「民間部門からの資金吸い上げ」を意味し、また「民間部門に国債買い付けの余力が無くなった」という状況を表している。現在の日本はいろいろな面で行き詰まりを見せ、間もなく大きな転換が起きる可能性が高まっているのである。

つまり今回も「大政奉還」が起きる可能性が高まっているが、明治維新の時には最後の将軍である徳川慶喜がその役割を果たし、現在は安倍首相がその役割を果たすようにも感じている。

＊２０１３年のコラム～～～～～～～～～～～～～～～～～～～～

【1兆ドルのプラチナ硬貨】

１月８日の報道によると、ノーベル経済学者のクルーグマン氏などが、額面が一兆ドル（約９０兆円）のプラチナ硬貨を鋳造し、連邦準備制度に預けるという案を提唱したそうだ。この案についていては、その後、政府やＦＲＢなどにより否定されたが、なぜこのような提案がなされたのかを正確に理解することにより、アメリカの国債上限問題が今後どのように推移するのかが見えてくるようだ。

この報道は、現在のアメリカの国家債務問題がきわめて危機的な状況に陥っていることを意味する。そして今後、どのような解決策が導かれるのかについて、たいへん興味深い点を示唆した意見だった。具体的には、実質的に１６万円程度の価値しか持たない１オンスのプラチナコインに対して、約９０兆円もの額面を付けることは、そのコインに対して「５万倍以上の信用」を付加することを意味するからである。

別の言葉では、日本の１万円札の場合には、原価が２０円弱の紙幣に対して約５００倍の信用が付加されている（２０×５００＝１００００）。このような信用創造の延長として、今回のプラチナコインのアイデアが出てきたようだが、過去の歴史を見た場合には実現性が乏しく、荒唐無稽な考え方とも言えるのである。つまり、1923年のドイツの場合には、ハイパーインフレが進行した結果として最後の段階で1兆マルクのコインが発行されたが、今回は1兆ドルのコインを鋳造すれば、ハイパーインフレにならないと考えているようにも思われるのである。

しかしこれは典型的な机上の空論であり、実際には国家や通貨の信用を維持するより、反対に、世界中の人々に現在の通貨に対する信用を失わせる効果があったようだ。つまり現在の通貨がどのような仕組みで成り立っているのか、あるいは現在の通貨にどれほどの信用が供与されているのかを、多くの人々に考えさせ始める効果があったからだ。そしてこれからどのような事が起きるのかを考えた場合に、やはり1923年のドイツと同じような道筋を辿り、最後には1兆ドルのコインが発行される可能性も出てきたのである。

【絶望から始まった「日本株の価格上昇」】

2012年の11月14日に、野田首相と安倍自民党総裁との党首対談が行われ、この日から日本株の急騰が始まった。当時は誰も日本株の上昇を期待せず、まさに絶望感の極致とも言える状況だった。つまり相場の格言どおりに、「新たな強気相場」が絶望の中から生まれたが、現時点では懐疑とともに育っている段階とも言えるのである。

具体的には多くの人が弱気でありながら、今までに溜まり続けた上昇エネルギーが放出される段階だが、過去の経験則からは「この段階においては、循環物色による全面高の相場が起きやすくなる」という結論が導かれる。また今後は「楽観とともに熟し、陶酔の内に終わる」という状況も想定されるが、今回の注目点はやはりギャロッピング・インフレやハイパーインフレの時期にどのような相場が展開するのかということである。

つまり本当のインフレが始まった時には、約半年という短い期間にさまざまな商品が信じられないほどの価格にまで高騰する事態が発生するが、現時点では誰もこのことを想定していない段階とも言えるのである。そのために当面は円安や株高が、どのようなスピードで進展するのかに注目しながら、同時に、プログラム売買の動向を見ていく必要性がある。

具体的には、円安になれば株高になり金利が上昇するという「プログラム売買の巻き戻し」だが、これから予想されることは、ある時点で一挙に金利の急騰が起きることである。つまり本格的な円安が始まると、一挙に国債価格の暴落が始まり、その時には株価の急騰という事態が想定されるのである。そして、このような状況が私が最も恐れている「ハイパーインフレであり、10年以上前から想定していた最後の段階のことだが、当面は目先の利益を享受しながらも、一方で冷めた目を持つことが大切だと考えている。

【キプロスの金融混乱】

日本時間の3月18日に、突如として明らかになったキプロスの金融混乱は、今後の世界情勢を考える上できわめて大きな意味を持っている。100億ユーロ（130億ドル）をキプロスに支援する代わりに、10万ユーロ超の額の預金にある一定の課徴金を課すという内容だが、このことは銀行預金者に負担を求めるという、一連のユーロ圏加盟国支援策としては前例のない措置とも言えるからである。

別の言葉では、現在の信用バブルや預金神話を崩壊させる「きっかけの事件」になる可能性が高まっている。このことは第一次世界大戦が、オーストリアの皇太子が一発の銃弾によって殺害されたサラエボ事件を契機に開戦したことと、似たような意味を持っているようだ。つまり、現在の通貨制度と言える信用本位制がこの事件をきっかけにして完全崩壊する可能性だが、キプロス問題の裏側にはロシアが存在するとも言われている。

タックスヘイブンやマネーロンダリングなど、いろいろな噂が存在したキプロスの資金は主にロシアの富裕層が出資していたとも言われている。今回の問題点は、一部とはいえその預金が価値を失う可能性が想定されていることである。このように今回の事件は単純にキプロス一国の問題ではなく、現在の通貨制度や金融システム全体を揺るがすほどの大問題になる可能性が存在する。

現在の通貨は「フィアットマネー（政府が発行する不換紙幣）」となっており、実際には銀行などに存在する単なる数字へと変化しているが、今まではこの点がほとんど認識されていなかった。しかし今回は、絶対に安全だと思われていた銀行預金に対して、ある日突然に価値が失われるという事態が発生する可能性があり、その結果として先進国の預金もこのような状態に陥るのではないかという疑心暗鬼の状態になりかかっているのである。

【グレートローテーション】

最近、海外では「グレートローテーション（大転換、大循環）」という言葉が使われ始め、世界の資金は債券から株式へ大きく移動し始めたと考えられている。つまり、世界的な株高を説明する理由として、ようやく世界の資金がどれだけ存在し、どの資産がこれから値上がりするのかを考え始めたのである。

しかしこの時の注意点は、過去１００年間にどのような方法で、どれほどの信用創造が行われたのかを考えることの必要性である。あるいは、なぜ現在、先進国で超低金利の状態になっているのか、なぜ日米欧の国債価格が史上最高値圏に位置するのかという点への歴史的な考察である。

別の言葉では、財政破綻に瀕している先進国において、なぜゼロ金利政策が可能だったのかを考慮することだが、この理由としては、先進国が連携して国債の買い支えや、国債の持ち合いを実施していた点が指摘できる。特に、2002年から2008年までの期間に「約6京円」ものデリバティブの大膨張が起き、その後、2009年から2013年までは中央銀行がバランスシートを大膨張させて国債を買い付ける、いわゆる「リフレーション政策」が実行されてきたのである。

しかもこの間に行われてきたことは、日本国債を中心にして「国債を買い、円高にし、株式や金を売り叩く」という、大量のプログラム売買だった。そして現在では、「スカイネットの崩壊」という言葉のとおりに、「プログラム売買の巻き戻し」が起き始めたのである。そのために、これから想定されることは本当の意味でのグレートローテーションであり、具体的にはフィアットマネー（政府の発行する法定不換紙幣）を基本にした現在の金融商品から、貴金属や株式、あるいは土地などの実物資産へと資金が大量に移動を始めることである。

【為替のソロスチャート】

今から20年近く前の1996年に、私がアイデアを提供し大和総研のエコノミストがデータ検証をすることによって、新たな為替理論を創ることができた。具体的には、「信用乗数（マネーストック÷マネタリーベース）」を二国間で比較することにより、90％以上の確率で為替の予想が付いたのだった。そしてその数年後に、ジョージ・ソロス氏がこの理論を理解することにより、ソロスチャートと呼ばれるものができた。

しかし、この時に大切なことはマネタリーベースを比較するのではなく、信用乗数を比べることである。ソロスチャートではこの点が誤って伝わったようだ。つまり基本的な考え方として、「信用力のある国には資金が流れ、通貨が高くなる」ということであり、この信用力の判定方法としては、信用乗数を比較することが重要な点だからである。別の言葉では、中央銀行が出す資金であるマネタリーベースを比較するのではなく、マネーストックという、民間銀行がどれほど信用創造を行っているのかを判断することである。

つまり、「信用乗数が高い国ほど、国家の信用力があり為替が強くなる」ということがこの理論の意味することだが、2002年ころから為替デリバティブの大膨張により正確な数字が取れなくなった。しかも過去数年間は、世界の金融市場が一部のメガバンクによって不当に操作されていた可能性も存在するために、より一層、為替の予測が難しくなったが、現在では急速に金融のコントロールが効かなくなり始めてきたのである。

そのため再度、マネタリーベースが注目を浴びてきたが、重要な点はやはり通貨制度や金融システムの原点に立ち戻り、過去100年間にどれほどの変化が起きてきたのかを理解することである。つまり、現在の通貨制度は1971年のニクソンショックをきっかけにして大きく変貌したが、この点が理解できない場合には、単に著名人の意見を鵜呑みにすることが起きやすくなるのである。世界の金融市場でどのような事が起きているのかを、歴史を繙(ひもと)きながら、自分の頭で考えることだが、マニュアル的な思考法に慣らされた現在の日本人にはこの点が難しくなっているようである。

【日銀総裁の交代】

3月20日に日銀総裁が白川氏から黒田氏へ交代した。白川氏の心中を察すると、半分は安堵感であり、半分は忸怩たる思いが存在するようだ。

白川氏が行ってきたことはできるだけ紙幣の増刷を行わないということであり、この方法により「日本円」の健全性を保ってきたのである。別の言葉では、欧米各国が無謀な金融政策を実施しながら中央銀行のバランスシートを大膨張させる中で、日銀は本来の中央銀行としての役割を果たしてきた。しかし世の中の流れには逆らえず、今回、安倍首相により辞任に追い込まれてしまったようである。

また今後は黒田新総裁を中心にして、日本も欧米各国と同様に大量の資金供給が行われることが想定されるが、この時の注目点はいったいどのようにして日銀の資金を賄うのかということである。具体的には3月10日の時点で総額が約166兆円、国債の残高が約122兆円という金額にまで達した日銀のバランスシートを、今後どのようにして管理していくのかということである。

日銀は綱渡り的な管理を行いながらも国債を大量に買い付ける政策を実行してきたが、本来はこのような行為に対しても白川氏は反対すべきではなかったか。「国債の買い付けに日銀は協力しない」とでも宣言すべきだったが、時代の流れは往々にして、流れに反対する人を排除する傾向がある。換言すると、「バブル」と同様に行き着くところまで行かないと、人々の認識が追い付かないのである。バブルが弾けた時に、初めてバブルの存在に気付く。そしてこの点については、黒田新総裁が大量の紙幣発行を行った時に、はっきりと理解されるものと思われるが、その時にはすでにハイパーインフレがスタートしている事態が考えられるのである。

【金市場におけるブラックマンデー】

4月15日（月）に起きた「金価格の暴落」についてはたいへん驚かされたが、他方で国債を守る陣の焦りも十分に見て取れたようだ。つまり、このままでは世界的なハイパーインフレに見舞われるために、金価格を下げることによりデフレが演出された可能性があるからだ。その結果として、金価格が二日間で230ドルも暴落する事態に見舞われたが、特に4月15日の動きは金市場におけるブラックマンデーとも言える状況だった。

思い出されたのが、1987年10月に起きた世界的な株式のブラックマンデーだったが、この時に起きたことはアメリカ株が一日で508ドル（22・6％）も暴落したことだった。そして当時は、世界の終わりではないかというほどの悲観論が出る状況だったが、他方で、このまま推移したら数日後にはどこまで下げるのかという冷静な意見も出始めたのだった。

つまり、「男性的な下げ（急落）は短期間で終了する」という相場の鉄則が思い出されることにより、暴落は短期間で終了し、その後に本格的なバブル相場がスタートしたのである。具体的には、日本株を中心にして個人投資家が参戦し、史上最大のバブル相場が形成されたが、このきっかけとなったのが実は1987年のブラックマンデーだったとも考えられるのである。

そのために、今回の金市場のブラックマンデーについても同様の事態が想定されるが、現時点の金（ゴールド）の市場規模を世界の金融資産と比較すると、おおよそ「700兆円」対「10京円」という、驚くべき比率になっている。つまり、本来は金（ゴールド）を基本にしてさまざまな金融商品が創られたが、現在では本末転倒の極みとでも呼ぶべき状態になっている。そして今後は多くの個人投資家がこの点に気付き始め、金に対する興味をより一層持ち始めることが想定されるのである。

【社会の木鐸】

今では死語になりつつあるが、かつては「社会の木鐸（ぼくたく）」という言葉が存在した。これは世の中の間違いや矛盾に警告を発し、人々を正しい方向へと導く人々のことであり、新聞社や新聞記者などのことを指していた。しかし現在ではほとんどこの機能が失われ、結果として多くの国民は金融混乱の嵐の中で右往左往しているような状況にもなっている。

この理由としては、ある政治家の言葉を借りると「新聞社とテレビ局が同系列である」という点が指摘できる。確かに、世界を見ても日本だけがこのような異常な状態となっている。その結果、テレビと新聞とでまったく同じ意見が報道され、日本国民はその意見を信用せざるを得ない状態である。特に現在の世界的な金融問題においては、マスコミの勉強不足とも相まってほとんど真実が知らされていない状態となっているのである。

また、日本人の特徴として議論と喧嘩とを混同しやすい性質があり、余計な事を言わずに穏便な発言に終始する態度を取りがちになる点が指摘できる。今回、橋下大阪市長が提起した慰安婦問題や、安倍首相が提起した憲法改正問題などのように、重要な問題について国民的な議論を活発にするのではなく、反対に、面倒な問題については当たり障りのない意見を述べ、真剣な議論を避けるというような風潮が存在するのである。

しかし現在ではさまざまな制度疲労や問題の噴出などにより、正確な歴史認識が求められるとともに、今後の混乱に対して適切なアドバイスが必要な状況となっている。つまり自分の意見を堂々と主張しながら、誤った時には間違いを認め、より高度の考えを導き出す態度が求められているが、日本人は自分の意見に固執し、相手の意を尊重することが苦手な民族でもあるようだ。

そして最後の段階では信じられないような事件の発生や社会情勢の大きな変化に遭遇することにより、真摯な態度で歴史を振り返り、これからの世の中を真剣に創り上げる態度が生まれるのである。このような観点からは、現在の金融混乱も全てが必要であり、必然なことともいえるようだ。

【官軍から賊軍へ】

歴史を繙くと、時の権力者は常に理論や宗教などを利用することにより、政治的な優位性を保とうとする。あるいは、権力が発生するための必要条件として、一般庶民が理論や宗教などを盲信する点も指摘できるが、興味深い事実はどのような時代も必ず時と共に変化し、どれほど強固に見えた政権も必ず終焉の時が訪れるということである。

そして一つの時代が終了すると、混乱期を経て次の時代が幕を開けることも歴史の真理である。だがその時々を生きる人々にとって、自分たちが激動の時期を生きている感覚はほとんど存在しなかった。例えば明治維新の時、ある日突然に官軍が賊軍に変化するということは、当時の会津の人々にとっては悪夢としか言いようのない出来事だった。

また、なぜ会津藩士が変化に対応できず、朝敵として扱われたのかを考えると、やはり幕藩体制への盲信が存在したようだ。当時の人々にとっては、幕藩体制の崩壊などはまったくの予想外の出来事であったが、このことは、国内だけで安穏とした幕藩体制が継続している間は幕藩体制に揺るぎがなかったことを意味している。

しかし、実際にはペリーの来航以来、海外諸国との対応を迫られ、既存の幕藩体制では対応不能な状態にまで追い詰められた。このことを現在の世界的な金融混乱に当てはめると、西暦１６００年頃に誕生した「時は金なり」という思想が世界的に行き渡り、世界中の人々がお金を盲信する態度に変化したことが理解できるが、現在ではマネーの大膨張が限界点に達したのである。
つまり幕藩体制と同様に既存の通貨体制が維持不能な状態にまで追い込まれているが、これまでは既存の経済理論が利用され、ほとんどの人々がデフレを信じ込んでしまった。しかし今後の問題は、このような状況下で本当のインフレである急激な物価上昇が起きた時に、「官軍がある日突然に賊軍に変化するような事態」が、通貨の世界で起きることである。

【人間の欲望】

女優のアンジェリーナ・ジョリーさんが、乳房切除の手術を受けたが、驚いたことは将来の癌発症に対しての予防手術だったことである。つまり健康に問題が無いにもかかわらず、将来の発症率に危機感を抱いたのだが、この時に考えさせられたのが人間の欲望だった。この行為は古来、東洋で権力者が不老不死を願い、いろいろな行動を取ったこととよく似た行動だったのである。
富や権力、あるいは名声を得た人々が次に望むものは、アンジェリーナ・ジョリーさんと同様に無病息災や長寿という、病気をせずに長生きをする人生だった。そしてこれは目に見える価値観を重視する現代人がお金と同等に望むものである。人間の欲望には限りが無く、歴史的変化からは、お金の次に望むものが死後の世界における安住だとも想定されるのである。

具体的には、京都や奈良に数多くの神社仏閣が存在する理由は、死後の世界において地獄に落ちることなく天国で安住したいという、時の権力者たちの思いが存在したからである。あるいは、西洋の免罪符のようにお金を払えば現生での罪を免除されるという考え方は、その背後に死後の世界に罪を持っていかないという思いが存在したからである。

現在、西洋人が望み始めたことは「目に見える価値観」よりも「目に見えない価値観」であり、お金や地位よりも心の安住である。過去数百年にわたり「時は金なり」という思想に支配され、お金さえあれば人生は安泰だと考えてきた人々の意識が変化し、現在では不老長寿や死後の安住を求めているのである。

今から１６００年前に、西ローマ帝国があっという間に滅び、その後は神とともに生きた理由が私にはどうしても理解できなかったが、人々の欲望という心から望むものが大きく変化したことに根本的な原因があった。そして現在、ほとんど同じ変化が起き始めているが、この時に現代人が信用しているお金の価値が激減すると、この動きに、より一層の拍車がかかるのである。

【借金まみれの経済成長】

6月23日に、ＢＩＳという中央銀行を統括する銀行が衝撃的なレポートを発表した。その題名は『先送りされた時間の有効活用』というものであり、9ページにわたり2007年以降の金融政策を詳しく述べている。そして結論として、「2007年の金融混乱以降、世界の中央銀行は前代未聞の金融政策を行ってきたが、この政策が実施されていなかったら世界の金融システムは簡単に崩壊していたはずだった」とコメントしながら、同時に、「先送りされた時間を有効活用すべきである」と書いている。

しかし他方で、「歴史的観点からは、国債価格の暴落は突如として発生する」とも述べており、世界的な国債価格の下落に対して警告を発している。また、中央銀行のバランスシートは「過去6年間で、10兆ドルから20兆ドルへと倍増している」ともコメントし、結局は過去数年間の世界経済が借金まみれの経済成長だったことを示唆している。

そして、実際に起きたことは「労働生産性の低下」であり、「巨大な規模での資産配分の歪みである」と結論付けているが、このことは「世界経済を脆い体質にするとともに、市場の突然の変化に対して、大きなリスクを内蔵している」ともコメントしている。また、中央銀行の限界については、「過剰な債務に対する危機感」も述べている。今回の注目点は、なぜ今になってこのようなレポートが出てきたのかということである。

数年前から私が警告してきたことがこうしてようやく公式に認められたわけだが、「時すでに遅し」という言葉のとおりに、今では全くの手遅れ状態となっている。別の言葉では、過去6年間のリフレーション政策によって世界の債務残高が限界点にまで膨らんでおり、今後はこの反動が気にかかる。これから想定されることは、過去のパターンのとおりに、マネタイゼーションという国債の現金化しか存在しないのである。

その結果として、世界中の人々が通貨や国家に対する信頼感を失い、慌てて換物運動に走り出すことが考えられる。今回のレポートは、そのことを後押しするようなものであり、今後のハイパーインフレに対してお墨付きを与えたようなものだった。

【海中のビーチボール】

2013年も後半に入ったが、今年の前半を振り返ると金（ゴールド）の市場では、たいへん興味深い動きが起きた。具体的には、3月まではヨーロッパの個人投資家がキプロス問題を見て慌てて金を買い始めたが、他方で4月から6月には、国債を守る陣営である欧米のメガバンクを中心に、大量の「売り叩き」が行われた。

そして結果としては売り叩きが一時的に功を奏し、多くの専門家までもが金に対して弱気になったが、一方で金の需給関係においては歴史上からも稀に見るほどの歪みが発生している。具体的には、今回の売り叩きは現物を保有していない投資家が先物やデリバティブなどを利用することにより、純粋な「空売り」を行ったのである。

しかも現在の金の生産コストが１３００ドル前後と推測されるために、すでに南アフリカでは６割の鉱山会社が赤字操業の状態になっているとも指摘されている。つまり、金の供給が減少する時に、仮想空間の中できわめて大きな空売りが行われたことが、多くの専門家が考える実情である。

現在の状況は「海中のビーチボール」ではないかと考えられている。空気が詰まったビーチボールを無理矢理に海中に押し込んだ状態のことである。これから想定されることは、「売り方」が一転して「買い方」へ変化することだが、このことは国債価格が暴落を始めるとこれ以上金の売り叩きをする必要性がなくなることを意味している。

このように今後の金の需給を考えると、自分の預金に危機感を抱き始めた世界中の個人投資家に加え、現在の通貨制度に不信感を抱いている世界各国の中央銀行が今後も継続して金を買い続けることが想定される。そして、今まで大量の売り叩きを行っていた欧米のメガバンクが、今後は転して買い方へ転じる状況が想定されるのである。

つまり海中のビーチボールが、抑えていた手を放した途端に水面上へ急速に飛び出すような状況のことである。この点については、実際に買い戻しが起き、半値戻りの水準である1550ドル前後にまで価格が回復した時に、世界的に理解されると考えられる。

【庚申伝説】

昔から気になっていたことの一つに庚申塚がある。これはかつて日本で盛んに信仰されていた庚申伝説に由来する。人間には三尸（さんし）と呼ばれる虫が頭・腹・足にいて、その人の悪行を監視しているというものである。庚申の夜に宿主の人間が眠ると三尸はこっそり体を抜け出して天帝に宿主の悪行を報告すると信じられていた。

また、この三尸の報告を受けた天帝（閻魔）は、その内容を評定して悪行を行った人の寿命を縮めるとも考えられていたために、当時の人々は二か月に一度の庚申の夜、村中の人達が集まって神々を祀り、寝ずに夜を明かしたとも伝えられている。このことが「庚申待ち」であり、庚申待ちを3年、18回続けた記念に建立されたのが全国各地に残っている庚申塔や庚申塚だそうである。

このように、昔の日本人は現在では信じられない行動を取っていたが、このことにも大きな意味が存在した。つまり社会のチェック機能として、このような信仰が長い間継続していたが、現在では天や神を畏れる人が少なくなった結果として、いつの間にか庚申伝説が消滅したのである。

お金が現代人の神様となり、「お金さえ持っていれば安全だ」と考える人が増えた。このような結果として生まれたのが、実は「安心して生活できない社会」だった。現在、多発する信じられないような事件は、天や神を畏敬する精神が忘れ去られ、法に触れない限りどのような手段を用いてもお金儲けをすることが正義であると考える人が増えたことに根本的な原因が存在する。

別の言葉では、旧約聖書に出てくる「ソドムとゴモラ」のような都市が世界中に造られたが、このような状態を100年後の人たちがどう見るかについては今後の進展を見守る必要性がある。

つまり現在、我々が庚申伝説についてあまりにも非合理的であると考えるのと同様に、地球環境や人々の生命よりも、単なる数字となった現代のお金を信用する現代人については理解不可能であると考え、同時に三戸（さんし）の虫を畏れ、閻魔大王を信じた人々の方が、精神的に健全だったと判断される可能性のことである。

【アメリカの債務上限問題】

8月26日のルー財務長官による議会への書簡を読むと、米国の債務上限問題はきわめて危機的な状況に陥っている。具体的には、昨年末から実行されてきた予算削減に関する非常手段と引き換えの一時的な上限棚上げに関して、いろいろな問題が発生する可能性のことである。この書簡では「10月半ばに、国家の現金が約5兆円しか残らない」とまでコメントされており、「国債価格が暴落すると、国家の資金繰りは一挙に現金不足に陥る」とも述べられている。

そのために早急に債務上限を引き上げて、今までの一時的な措置で使った資金を返済する必要性がある。しかしこの時の注意点としては、本当に国家の資金繰りは行き詰るのかということであり、債務上限の引き上げに成功したとしても本当にこのままの状態が継続できるのかということである。つまり、月間で約10兆円も国家債務が増え続けている状況下では、どこかで必ず限界点に突き当たる事態が予想されるのである。

別の言葉では、現在の国債の買い手が主に中央銀行である状態が永遠に継続できるはずがなく、間もなく本当の意味での金融大混乱が始まる可能性である。具体的には年金や健康保険、あるいは地方自治体などから一時的に資金を流用し、かろうじて国家財政が維持されている状況に対して、本格的な市場の反乱が起きることである。より具体的には、国債価格の暴落によって国債の買い手がいなくなる状態のことである。

過去の例を見ると1991年のソ連や2000年代半ばのジンバブエなどのように、ほとんどの国で同じパターンが起きている。つまり中央銀行が国債を買い付ける方法が行き詰まりを見せた時に、国家の資金繰りを紙幣の増刷で行う方法のことである。だが現在でもこの点がほとんど理解されていない。

その結果として量的緩和の縮小が起きると、「世界の資金が収縮し、世界経済は大恐慌的な状態に陥る」と誤解されている。これからの注目点は、反対に、量的緩和の縮小がマネタリーベースを一挙に大膨張させる効果を理解することであり、その時には大量の紙幣が、市場に出回る展開が予想されるのである。

【おもてなしの精神】

阪急阪神グループ系列レストランによる偽装表示問題にはたいへん驚かされた。最も驚いたことは、リッツ・カールトンホテルまでもがこの問題に関与していたことである。今から7、8年前に、私自身がリッツ・カールトン大阪で「おもてなし研修」を受けた経験があり、当時は海外にも日本人以上の素晴らしい精神を持ったホテルが存在すると感激したからである。

しかし今回、あまりにも愚劣な偽装問題が発覚したことによりリッツ・カールトン大阪に対する評価を変えなければいけないようだが、なぜこれほどまでの堕落が起きたのかについて大きな関心を抱いている。すなわち、利益追求というお金の魔力によっておもてなしの精神が崩壊した可能性と、従業員のサラリーマン化や権力の暴走などがどれほどの悪影響を与えたのかということについてである。

資本主義の現在では「お金が、最も大切である」という考え方が世界中に広まったが、当時、リッツ・カールトンホテルで感じたことは時代が変化する可能性だった。つまり、利益だけを追い求める企業は、当然のことながら顧客の満足度を無視する会社であり、今後このような企業は決して社会に受け入れられないとも考えたからである。

換言すると、顧客と共に栄える企業はお客様の喜びや満足度を優先しながら、従業員が人間的に成長し続ける会社だと理解したのだった。しかし今回の事件は、時代に逆行して人々がますますお金の魔力に悪影響を受ける姿を現しており、誰も信用できない社会へ変貌を遂げた可能性を示したものだが、反対に、世の中が窮まった状況を意味しているとも感じたのである。

つまり『易経』の「窮まれば変じ、変じれば通ず」という言葉のとおりに、間もなく人々の意識が大変化を遂げ、その後は良い社会が訪れる可能性をも示唆しているのである。

今回の事件は人々に「気付き」を与え、それが本当の「築き」となるものと思われる。今後はより一層思いやりを持ったおもてなしの精神が、日本社会で重要度を増すようである。

【亡国の金融政策】

現在、「日本の信用乗数」が急低下中である。具体的には「マネタリーベース」という、日銀が供給する資金が約190兆円であるのに対して、民間銀行の資金供給量を表す「M2＋CD（マネーストック）」の残高が約885兆円となっている。そしてこの点を「信用乗数＝マネーストック÷マネタリーベース」の公式から考えると、現時点の「日本の信用乗数」は約4・6倍という、実に危機的な水準にまで落ち込んでいることが理解できるのである。

つまり1990年前後の日本のバブル時には、この数字が約13倍という状況だったが、その後は「失われた20年」の言葉のとおりに、民間銀行の信用創造能力が低下しているのである。しかも一方で日銀の資金供給が未曽有の規模で急増している。具体的には古典的な信用創造である日銀のバランスシート拡大が、現時点で唯一の信用供給方法とも言える状況となっているのである。

そしてこのことは「亡国の金融政策」とも考えられる。1991年のソ連を始めとして、信用乗数の急低下が行き着く先は金融システムの崩壊、あるいは国家財政の破綻が想定されるからである。つまり膨大な不良債権を抱えた国家が最後の手段として取る方法が、「日銀による紙幣の大増刷」と言えるからである。また、信用乗数が「1」にまで低下することは、民間銀行が機能不全の状態となり、全ての資金が紙幣によって日銀から供給される事態を意味している。

このように、現在ではデリバティブや債券などの市場による信用創造能力が行き詰まりの状況下で、さらに民間銀行による信用創造能力が急速に低下しているのである。そのために日銀のバランスシートが、黒田総裁の就任以来、約7カ月間で、１６５兆円から２１７兆円にまで大膨張しているが、この間に行われたことは、当座預金という民間銀行からの借入資金を増やしながらの国債の大量買い付けであった。

しかし、今後は日銀の資金調達において本格的な紙幣の大増刷が想定されるが、この時に起きることは更なる信用乗数の低下であり、その結果として大幅な円安が予想される。ただし一方では円安による株価急騰も予想されるが、このことが本当のインフレ時に起きることである。

【政府による資産没収方法】

海外では政府による国民資産の没収方法が議論され始めたが、実際にはいろいろな方法が存在し、現在の「ゼロ金利政策」もその一つと考えられている。具体的には、国民に払うべき金利を低くすることにより、国民の資産が国家や民間銀行などの救済に当てられる状況のことである。また、増税や年金給付額の引き下げも国民の資産が国家へ移転する状況を意味し、国民資産の没収方法の一つとも理解されている。

このように、国民が気付く手段による合法的かつ直接的に資産が没収される方法については、現在の日本国民も理解しているようだが、その他に国民が気付かないうちにいつの間にか資産が没収される手段も存在する。具体的には、国債の発行は将来の税金である。また現時点では多くの人が危惧し始めているが、日銀のバランスシートの拡大も実は国家による資産没収と考えられている。

つまり、現在の「異次元の金融緩和」は、日銀のバランスシートを急拡大させながら国債を買い付ける方法だが、実はこの時に国民から国家への富の移転が発生しているのである。海外ではこれは国家による富の没収と考えられているが、現在の日本人は、アベノミクスが国民にとって利益になる政策であると誤解しているのである。

換言すると、安倍首相や黒田日銀総裁は、国民のためになる方法を選択しているという理解だが、海外では全く逆の認識がされている。つまり、日銀のバランスシートが急拡大することは、増加分が税金と同じ効果を持つという考え方である。確かに国民が知らないうちに、国民の資産が実質的に減少していたという観点からは、資産没収の一方法とも言えるのである。また、この時にも「二つの方法」が存在する。当座預金の増加による国民

が気付かず、またインフレを誘発しない方法と、もう一つは紙幣の増刷によってインフレを誘発する方法である

＊2014年のコラム〜〜〜〜〜〜〜〜〜〜〜〜〜〜〜〜〜〜〜〜〜〜〜〜

【安倍首相の勘違い】

最近の「安倍首相」は、大きな「勘違い」をしているようだ。首相は絶対権力者であり、自分の行動により民を救うことができると錯覚しているようである。

別の言葉では、「アベノミクス」や「異次元の金融緩和」が、表面的な成功を収めたものと考え、国家権力の行使を更に強めようとしているのである。つまり、政府の言う通り

に行動すれば国民は幸せになるという考えのもとに、国家の行動範囲を広めようとしているが、これはかつての共産主義国家や社会主義国家における計画経済と似たような状況である。

また、理想的なリーダー像についても大きな誤解が存在するようだ。東洋学における理想の宰相像、あるいは西洋諸国の理想的なリーダーは、基本的に高貴な地位に就く者の義務や態度が重要視されている。具体的には太陽や大地のように、人々を温かく見守りながら、一人ひとりが助け合いながら、幸せな人生を送ることを願う態度であり、この点については現在の天皇陛下や皇后陛下がまさに理想像とも言えるのである。

このように、首相就任後一年を経た安倍首相は、「私」という自分の思いだけに囚われて、「公」という国民の幸福を忘れている。具体的には、憲法改正という自分の夢を達成するために、日銀を利用しながら表面上の景気回復を目論んでいる。また、大きな政府を推進することに熱心であり、規制改革にはほとんど関心が無いようだが、本来の経済成長の基本的条件は、それぞれの国民が自由平等な環境下で他人のためになる仕事をすることである。

つまり「夜警国家」という言葉のとおりに、国家の機能は「外敵からの防御や国内の治安維持など、必要最小限の公共領域にある」という国家観とは、全く正反対の方向へと向かっているのである。別の言葉では、崩壊前のソ連とほとんど同じ政策を取っているが、この点については今後、国債価格の暴落（金利急騰）が起きた時にははっきりと見え始めるものと考えている。

【盥（たらい）の水】

二宮尊徳に「盥の水」という言葉がある。水を自分の方に引き寄せようとすると向こう側へ逃げるが、反対に、相手の方に押しやれば自分の方に戻ってくるというものである。そしてこの考え方は人生のみならず、投資にも応用が利くものと考えている。現在ではほとんどの人が自分の欲望だけを考え、知らないうちに盥の水を自分の方に引き寄せようとしているのである。

別の言葉では、あいだみつを氏の「奪い合えば足りず、分け合えば余る」という言葉のとおりに、お金の奪い合いが世界的に起きているが、この時に考えなければいけない点はお金の性質である。つまり、目に見えない信用を形にしたものがお金であり、人々の欲望が多くなった時にお金の残高が膨張するという事実である。より具体的には、１８００年頃から始まった資本主義は、「資本」というお金が、「主義」という最も大切なものになった時代のことである。

そして現在では誰もが「お金が無ければ生きていけない」と錯覚するほどに、お金に縛られた時代に変化した。そして問題は、人々が知らないうちに世界のお金が一握りの人々によってコントロールされていたことである。世界に存在すると言われている約10京円の金融資産は、そのほとんどが政府やメガバンクによって保有されており、個人や民間企業が保有する金融資産はいつの間にか相対的な力を失ってしまったのである。

別の言葉では、「フィアットマネー」と呼ばれる政府の信用を基にした紙幣や預金、あるいは国債やデリバティブなどの金融商品が大膨張した結果として、本来のお金である貴金属、そして実体経済を代表する株式などの時価総額は、全体の金額と比較するとたいへん小さなものとなってしまった。そのため現時点で投資において必要なことは、多くの人が求める預金や国債、あるいは値上がりした株式などは欲しい人に売却するという態度であり、反対に、他の人が価値を認めない割安な商品を購入する方法である。

【覇権国家を目指す中国】

2013年の中国による金（ゴールド）輸入はきわめて凄まじい動きだった。具体的には、上海市場において年間で約2200トンもの金が現物で引き出されたとも推測されている。この数量は中国を除く年間の生産量に匹敵するとも言えるのである。

つまり、年間の生産量が約２６００トンから２７００トンという状況下で、世界最大の産金国である中国の生産量は約４００トンだったとも言われており、この点を考慮すると中国を除いた世界の産金量が約２２００トンから２３００トンという事実が理解でき、世界全体の生産数量に匹敵するほどの金を、２０１３年に中国が購入した計算になるのである。

そして、なぜ中国がこのような行動を取っているのかについては、やはり世界の覇権国家を目指している点が指摘できる。ご存じのとおり、過去数百年間の世界を見ると約１００年ごとに世界の覇権国家が移行している事実が見て取れる。１９世紀のイギリスから２０世紀のアメリカへ覇権が移行し、その前にはフランスやスペインなどが世界の最強国家だった。

覇権国家の必要条件は強大な軍事力の他に、強固な金融システムが挙げられる。２０世紀のアメリカは１９５０年頃に世界の金（ゴールド）の半分程度を保有していた。そしてこの強大な経済力を背景にして、貴金属や穀物などの主要産品がポンド建てからドル建てへと移行した。現在の中国は、まさにこの当時のアメリカの姿を追求しているのである。

一説では、現時点で８０００トンから1万トン程度の金を保有しているとも言われるほどであり、また、強大な軍事力の建設に努めている。そして今後は、現在の覇権国であるアメリカの没落を待っているようだが、実際に時間の経過とともにアメリカの力が弱まり、中国の金輸入数量が増えている。今後は世界的な国債価格の暴落とともに、金の重要性が増してくるものと思われるが、この時の問題点は本当に今までのような形で覇権の移行が起きるのかという点である。

【永遠のゼロ金利】

先日、『永遠のゼロ』という映画を見てきた。この時に感じたことは、実際の戦争と金融戦争の違いがあるものの、人々の意識においては現在と似たような状況であるということだった。具体的には、軍国主義の時代に「家族のために生きて帰りたい」という主張が受け入れられなかったように、現在では「お金が無くては生きていけない」という考えを否定するような意見は受け入れられないからである。

そしてこのような考えが行き着いた先が、食品の偽装をしてまでも目先の利益を上げることであり、利益のためなら老人を騙してもよいと考える詐欺事件の大量発生だった。つまり、西暦1600年頃に生まれた「時は金なり」の思想が時代とともに先鋭化し、現在では命よりもお金の方が大切な時代になった。『永遠のゼロ』の映画では特攻隊の暴挙、人間の命が実に粗末に扱われた時代が見事に描写されていた。

このように、時代の大転換期においては「命」よりも「主義」が尊ばれる現象が見られるが、その後に起きることは大事件を経験した人々の認識の大変化である。具体的には、敗戦をきっかけにして鬼畜米英から民主主義尊重へと変化したが、この点を現在に当てはめると、「永遠のゼロ金利」と考えられていた時代が終焉の時を迎えるとともに、全く新たな展開が始まることが予想されるのである。

【オウム事件の再考】

オウム裁判が再び世間の注目を浴びている。この事件が起きた１９９５年の３月以降の日本を振り返ると、大きな変化が起きた事が理解できるとともに、この事件もたいへん大きな意味を持っていたように感じられる。具体的には、なぜ麻原彰晃のような人物が世の中に登場したのか、なぜ多くの優秀な人々がオウム真理教にのめり込んだのかということである。

あるいは、なぜ宗教とお金とが混在するような事件が起きたのかということなど、実にいろいろな点を考えさせられた事件であった。つまり、普通の庶民と考えられていた人々が、ある日突然、事件に巻き込まれて犯罪者となる状況が、オウム事件に限らず企業の犯罪など数多くみられたからである。また、企業のリストラなどにより職を失ってホームレスに転落したケースも数多くみられるが、このことは現在の世の中が大きな変革の時代に見舞われていることを意味しているのである。

オウム事件が起きた当時、麻原彰晃や事件の関係者は特別な存在であり、憎むべき犯罪者だと考えていたが、現在では「罪を憎んで人を憎まず」というように、同情すべき点もあったのではないかとも思われるのである。「盗人にも三分の理」という言葉が昔から存在していたように、さまざまな困難の時代を経てきた人々にとっては、普通の庶民が犯罪者に転落する事例を数多く見てきたのである。

この点を人間の宿命という観点から考えると、麻原彰晃という人物は宗教の魔力や人間の洗脳を人々に教えるために、この世に生まれてきた可能性も存在する。つまり数多くの罪を犯した点は、まさに死刑に値する状況とも言えるのだが、仮に輪廻転生が存在し、あの世に帰った時にどのような感想を抱くのだろうかと考えた場合には、実に嫌な役割を果たす宿命だった可能性も存在するのである。つまり、それぞれの人には別々の使命があり、世の中が進化する過程では、時々、ヒットラーのような人物が誕生する理由となるとも考えられるのである。

【虚構の崩壊】

今年を予想する上でのキーワードは「虚構の崩壊」であり、実際に2月に起きた出来事を見ると、「ゴーストライター事件」や「ビットコイン事件」など、実態が曖昧な状態で名声や信用などが独り歩きしていた状況に関してさまざまな問題が起きている。そして問題の発覚とともに、ほぼ瞬間的に信用が喪失した。これから想定されることは信用に関して、最も重要な商品である現代の通貨や金融商品に同様の大問題が起きることである。

つまり、現時点の最大の虚構が金融システムや通貨制度であり、この点は以前から海外で「ポンジースキーム（ねずみ講）」のようなものと言われていた。具体的には何もない空中からお金が生み出される状況のことだが、実際に現在の信用創造のメカニズムを考えると、まさにこのような状況となっているのである。

また、ヨーロッパやアメリカの金融混乱時に起きた事は、ＩＭＦや世銀などによる信用供給であり、実際に１００兆円単位の資金が供給されていた。あるいは量的緩和という方法により、世界の中央銀行は過去7年間に約１０００兆円もの資金を供給したとも言われている。しかしこの資金がどのようにして創出されたのかが、ほとんど理解されていないのである。

このように、現在の通貨制度は私が提唱する「信用本位制」となっており、人々の信用や錯覚が存在する限り無制限に資金供給が可能な状況となっている。つまり『裸の王様』の物語のとおりに、「王様は裸である」と言わない限り、王様が堂々と裸で街中を闊歩していたような状況だったが、この物語では一人の子供がこの点を指摘した途端に全ての人々の認識が変化したのである。

【崩壊のメカニズム】

今回の「ゴーストライター事件」と「ウクライナの騒動」には共通点が存在しており、典型的な崩壊のメカニズムが働いていることが理解できる。内部分裂から対立へという構図のことだが、「ゴーストライター事件」の場合には18年間も二人で守ってきた虚構に関して、新垣氏の告白により瞬間的に崩壊が起きた。また、「ウクライナ」の場合には、経済的な困窮が民族間の分裂を引き起こすとともに、政府と民衆との間に複雑な内部対立を引き起こした可能性が指摘できるのである。

どのような虚構、あるいは組織の存亡においても、内部分裂が起き、その後、対立の状態にまで進展した時に崩壊が起きる。そして年内にさまざまな分野で同様の事件が起きるものと考えているが、現時点で最も注意すべき点は、世界的な金融システムや通貨制度である。

つまり、現在の通貨や金融商品は、「ビットコイン」と同様に一種の虚構の状態となっているが、実際には世界中の人々が信用や錯覚を抱いている限り、実体の存在しない単なる数字でも通貨として通用している状況なのである。また、今までに実施された量的緩和にしても、中央銀行が国債を買い続ける限りゼロ金利などの超低金利状態が継続すると考えられているが、現在ではいろいろな対立状態が発生し始めているのである。

具体的には、アメリカにおける「量的緩和の縮小（テーパリング）」や日本における「国債の義務的応札」だが、実際には政府と民間の金融機関との間に内部分裂状態が発生し始めている。つまり、今までは中央銀行が国債を買うから安心して民間の金融機関が国債の応札をしていた状況だったが、アメリカでは今年の後半に中央銀行による国債の買い付けがストップする可能性も出てきたのである。

また、日本では4月から20の証券会社と3メガバンクが自己責任で国債を応札する状況が予想されるが、この時の問題点は金利上昇時にどれだけの損失を金融機関が被るのかということであり、実際には応札した国債をすぐに市場で売却する状況も想定されるのである。

【恐怖政治の末路】

以前より、古代ローマ時代のカエサル（紀元前１００年―紀元前４４年）と戦国時代の織田信長（西暦１５３４年―西暦１５８２年）には、一種の共通点があると考えていたが、それは独裁者であり、部下により暗殺された事実のことである。別の言葉では「ブルータスよ、お前もか！」という言葉のとおりに、最後に最愛の部下によって暗殺されたカエサルと、部下である明智光秀の反乱により本能寺の変によって亡くなった織田信長が、どのような理由で似たような運命をたどったのか、長い間、気にかかっていた。

そしてこの点については、『軍師官兵衛』（ＮＨＫ）を見ることにより、ある程度の理解ができた。強権政治の末路とでも呼ぶべき状況となり、最後には部下の恐怖心が反乱を引き起こした点が指摘できるのである。つまり「天下布武」を標榜し、力によって天下を統一しようとした織田信長に対して、そのあまりにも激しい性格に部下が付いていけなくなった可能性である。

別の言葉では、失敗したら自分も成敗されるという恐怖心により、部下の荒木村重や明智光秀が反乱を起こしたが、実際には組織の分裂と対立が起きたのだった。また、その後を引き継いだ豊臣秀吉は、「百姓から天下人へ」と言われるように織田信長の遺志を継ぎ天下統一を果たしたが、この時もやはり独裁者の末路と呼ぶべき状況が起きたのだった。

つまり絶対的な権力者となった豊臣秀吉は、スターリンなどと同様に、力を持った部下の粛清を始めたが、この結果として起きたことは豊臣軍団における結束力の低下だった。その結果として、関ヶ原の決戦で徳川家康の東軍に大敗を喫し、大坂の陣により豊臣家の滅亡へと繋がった。このことは恐怖政治の危険性を物語っている。そして現在に生きる我々としては、現在の世界においても形を変えた恐怖政治が存在するという認識を持つことが大切だと考えている。具体的には北朝鮮の例だけではなく、絶対的な権力を持ち、現代の神様となったお金に対しての恐怖心のことである。

【ECBのマイナス金利】

６月５日に「ＥＣＢのマイナス金利」が発表された。この点には大きな注意が必要である。つまり今回は、民間銀行が中央銀行に預け入れる法定準備預金の超過分に対して、マイナス０・１％の金利を付加するというものであり、個人や企業の預金に関しては従来通りに金利が付く状況でもあるからだ。

別の言葉では、ＥＣＢが衝撃的な言葉を使うことにより、金融緩和を強調したかったようだが、実際には「瓢箪から駒」という言葉のとおりに、全く正反対の効果が生まれる可能性が存在するのである。

つまり世界中の人々が、マイナス金利という言葉に過剰反応する可能性のことである。1000万円の預金に対して1万円のマイナス金利が徴収された場合には、誰も、資金を民間銀行に預け入れなくなる事態も想定されるのである。そしてこの時には、タンス預金の増加や実物資産への交換が起きることが予想されるが、現時点ではまだ個人や企業へのマイナス金利は実施されない状況となっている。

ただしこの時の注目点としては、日本人を始めとして世界中の人々が実質的なマイナス金利の状態に気付く可能性である。具体的には、1000万円の預金に関して2％のインフレ率が発生すると、預金は実質的に目減りを始めているのである。つまり1000万円で買えた商品が、一年後には1020万円にまで価格上昇する事態である。この時には預金の価値が実質的に減少し、換物運動が起きることも考えられるのである。

そしてこのことが本当の「インフレ（通貨価値の下落）」を意味するが、現在ではいまだに預金神話が存在し、多くの人々は預金が一番安全であると誤解している。「デフレ」という言葉に惑わされ、自分の預金が実質的に価値を減少させている事実に気付かない状態が継続しているのである。

【日本の衆愚政治】

兵庫県議の号泣事件についてはたいへん驚かされるとともに、世界中に発信されたことにより日本の恥を世界に晒（さら）したとも思われる。この点についていろいろな議会での野次問題を合わせて考えると、将来的に衆愚政治の典型例として紹介されるのではないか。「21世紀の初頭、日本の政治がこれほどまでに堕落した」というような意見のことだが、同時に、今回の「安倍首相の暴挙」についても、立法府である議会が実質的に機能不全の状態になったという指摘も考えられるのである。

そして、このことにも大きな意味が存在するようだが、実際には「失われた20年」という期間がどのような意味を持っていたのかに対する考察である。つまり実際にはいろいろな膿が出た期間であり、表面的には日本の没落の時期でもあったようだが、反対の観点からは、日本人が覚醒をするための準備期間だった可能性もあるようだ。

具体的には、民間企業から始まった不良債権の膿出しが、次に民間銀行へと移行し、現在では国家に不良債権が集中している状況のことである。

また、この時に政治家や官僚がどのような考えで、どのような行動を取ったのかについても明確な認識ができたようだが、その極め付けが今回のさまざまな政治家に関する醜態だった。

現在の日本ではさまざまな難問が山積し、将来の展望も描けないほどの状況になっている。この時に大きな意味を持つのが日本人の覚醒である。つまり第二次世界大戦の敗戦時と同様に、日本の惨状を目の当たりにした時に、再度、日本人全員が知恵と汗とを出し始める可能性のことだが、この時の必要条件が真の危機感である。

具体的には火事場の馬鹿力のような状況が日本人に生まれ、これから想定される本当のインフレの時に、すべての条件が整う可能性である。政治家や官僚、あるいは学者やマスコミを含めた、すべての国民が総力を結集して問題解決に当たる状況のことだが、この時には規制改革などのような生やさしい動きではなく、明治維新の時のような大胆な改革も想定されるようである。

【ＢＩＳの警告】

６月２９日に行われたＢＩＳの年次総会の報告書を読むと、ＢＩＳの危機感がひしひしと伝わってくる。世界に対して再度大きな警告を発しているようである。具体的には「先進国の中央銀行は一刻も早く金融政策を正常化すべきである」とコメントし、現在の超低金利政策が今後さまざまな問題を引き起こすことを危惧している。また、世界各国の中央銀行が前代未聞の規模で資産を拡大している状況についても、結果として「大膨張した世界のマネーがさまざまな市場に溢れ出している」とも述べているのである。

そして、金融正常化への道のりについては「数多くのチャレンジ（試練）が待っている」ともコメントしているが、同時に「各国の中央銀行は、その性質上できるだけ時間稼ぎを行おうとする傾向がある」とも述べているのである。具体的には、量的緩和（ＱＥ）の名のもとに中央銀行が大量に国債を買い支える方法などのことだが、この方法はかつてリフレーション政策と呼ばれ、その後、大インフレを引き起こしたことが歴史からは読み取れるのである。

このように現在では、中央銀行の中央銀行と呼ばれるＢＩＳと、世界各国の中央銀行との間で危機感の違いが発生しているが、この点についても「中央銀行の政策は、常に後追いの状況になりがちである」ともコメントされている。つまり市場の反乱である国債価格の暴落が起きた後に、後追い的に金利を上昇させることが過去の経験則でもあるが、今回も間もなく同様の事態が発生することが予想されるのである。

具体的には、今年の秋頃に米国で「量的緩和の終了」が予定されているが、この時にゼロ金利政策の継続が可能なのかということである。別の言葉では、国債の買い手がほとんどいなくなる時に、国債市場が現在のような安定状態を保つことができるのかということだが、実際には、長期金利の上昇後に慌てて短期金利を急速に引き上げる状況が予想されるのである。

　つまり中央銀行ができることは短期金利の決定であり、長期金利については世界のマネーがどのように動くのかによって決定されるが、今までの流れを見ると、これからの金利上昇については前代未聞の規模で発生することも考えられるのである。

【原発と国債】

　戦後日本の高度経済成長を振り返ると、原発と国債がたいへん大きな役割を果たしていた。実体経済の成長に関して原発のエネルギーが重要な位置を占めており、また、金融システムや通貨制度の安定に関して、国債の大量発行がやはり大きな役割を果たしていたのである。

　しかし現在では、3・11の大震災以降、原発が完全停止の状態にあり、その結果として日本の貿易赤字は巨大な金額にまで膨らんでいる。つまり日本の経済成長に関して、原動力の一部が失われた状態とも言えるが、その結果として起きたことは国債の大量発行であり、しかも日銀による国債の大量買い付けだった。

　現在、考えなければいけない点は安全神話の実情であり、かつては、多くの学者や専門家が「原発は安全である」と断言してきた事実である。つまり、多くの国民がその言葉を信用していたが、現在では原発の安全神話を信用する人は皆無の状態と言えるのである。しかし、他方で国債については依然として安全神話が存在し、現時点でも多くの学者や専門家が、日本国債が暴落することは有り得ないと考えているのである。

つまり現在の日本を考えた場合には、「戦後の奇跡的な高度経済成長」、その後の「失われた20年」という言葉に象徴されるように、実に波乱に富んだ時代を経験してきたのである。そして間もなく、戦後時代の清算が本格的に始まるものと考えている。きっかけとなるのは、やはり国債神話の崩壊と考えられる。別の言葉では、現在、アメリカの量的緩和終了の時期が近付いているために、日銀だけが必死になって大量の国債を買い続けている状況が何時まで継続可能なのかということだが、実際にはこの点に気付いた世界の投資家が、今後、日本国債の売り叩きを始める可能性も存在するようである。

【シュリンクフレーション】

最近、海外では「シュリンクフレーション」という新語が使われ始めた。これは「シュリンク（収縮）」と「インフレーション（物価上昇）」とを合わせた言葉であり、名目的な値上げが難しいために、実質的な値上げが行われている状況のことである。例えば、お菓子や日常生活品などの内容量の減少であり、ポッキーなど、今まで100円の定価で

100グラムの内容量だったとすると、内容量が90グラムにまで減少した時に実質的な値上げが行われるのである。

過去数年間、シュリンクフレーションがいろいろな分野で起きていたが、現在ではここでも大きな変化が起き始めた。メーシーズやスマッカーズなどの食料品メーカーが名目的な値上げを実施し始めたのである。この点では、1970年代の狂乱物価の時にも同様の展開が見られた。そして名目的な値上げの後に狂乱物価へと移行したとも言われているが、今回についてはより大きな注意が必要である。

つまり1970年代に起きたことは、1971年のニクソンショックをきっかけにして通貨に対する信頼感が減少したという状況だった。その結果としていろいろな商品価格が急騰したが、結局は「インフレファイター」と呼ばれたポール・ボルカー元FRB長官の登場により、強烈な金融引き締め政策が実行され狂乱物価が落ち着いたのだった。

別の言葉では、健全な国家財政を基盤にした国家への強い信頼感が存在したために、長短金利の上昇が可能だったが、今回は全く状況が違っている。「QE（量的緩和）」や「異次元の金融緩和」という言葉のとおりに、先進各国が過去に例がないきわめて異例な超低金利政策を実施しているからである。そしてこのような状況下で、いわゆる「出口戦略」が実施され、実際に金利上昇が起きた時には1970年代とは全く違った事態も予想されるのである。

具体的には、国家財政の破綻による既存の金融システムや通貨制度が崩壊する可能性だが、この点を理解するためには、現在の通貨制度である信用本位制が理解される必要性がある。つまり、我々の預金や国債などが、実際には影も形もない単なる数字によって創られている事実のことである。

第四章　これからどうなるのか？

――歴史サイクルの再考

■何故、60年サイクルが外れたのか？

２００９年当時、私が想定していたことは貴金属バブルの発生であり、ハイパーインフレの到来だった。「６０年サイクル」に歪みが生じていたものの、ほぼ想定通りに２００７年の金融混乱が起き、２００８年には百年に一度と言われるほどの金融大混乱が起きた。そのため１０年サイクルのとおりに、２００９年に金のバブルが発生し、ハイパーインフレが発生するものと私は考えていたのだが、実際には、前述のとおりに想定外の時間の遅れが生じたのである。

そのため私は、なぜこのような結果になったのかと考え続けざるを得なかったが、現在では私なりの答が出せたと考えている。基本的には「60年サイクル」に対する強いこだわりが間違いの原因であり、実際にはより大きなサイクルが存在することを理解しながらも、小さなサイクルである60年周期に固執したのだった。

換言すると、表面的には60年サイクルが当たらなかったように見えるが、この時に考えさせられことが、当時、私が理解できなかった60年サイクルと400年サイクルとの不整合だった。

■800年サイクルと400年サイクル

「60年サイクル」を6倍すると360年となり、7倍すると420年になる。この時に理解できなかったことは、これが800年サイクルの半分である400年サイクルと、なぜ20年や40年の違いが出るのかという点だった。しかしその後の検討で、この期間がいわゆる閏年や閏月に相当するようにも思えたが、実際に私が還暦を迎えた2014年11月5日は「ミラクルムーン」と呼ばれる171年ぶりの閏月だった。

つまり4年に一度、閏年が存在するように、800年サイクルにも10年から20年程度の閏の期間が存在する可能性である。そしてこの点については、今後、更なる研究と検証が必要だが、より以上に考えさせられた点が日本の４００年サイクルだった。

１４６７年の応仁の乱から約４００年後の１８６８年に明治維新が起きた事は、すでに気づいていた。しかし今回の『軍師官兵衛』（ＮＨＫ）を見ながら、再度「４００年サイクル」を熟慮すると、実に興味深い歴史の相似性に気付かされたのである。

■日本の戦国時代

１６世紀末の日本は戦国時代だった。この時の代表的な武将が織田信長と豊臣秀吉、徳川家康の三人だった。そして、この時の代表的な事件が１５７１年に起きた比叡山延暦寺の焼き討ちだった。この事件は当時の常識からは想像もつかないような出来事だった。当時、人々が畏れたのは神や仏であり、寺を焼き討ちして多数の僧を虐殺することは最も罪深い出来事と考えられたからである。

しかし織田信長は神仏を恐れず、果敢に延暦寺の焼き討ちを実行した。この事件は天下布武のエポックをなし、その後１６１５年の大坂の陣で戦国時代が終焉した。そしてこの点を現在に当てはめると、１９７１年がちょうど４００年後に相当し、この時に人類の常識に反する大事件であるニクソンショックが起きて、お金と実物資産の関連性が世界的に断たれた。私自身はこの時から金融の戦国時代が始まったものと考えている。

■世界的な金融戦国時代

繰り返しになるが、1971年のニクソンショックは金融史上、最大級の事件であり、現在の金融大混乱のきっかけとなる事件だった。そして前述のとおり、この時から金融の戦国時代が本格的に始まり、マネーの大膨張は想像を絶するほどの規模となった。そして数多くのビジネス面での英雄が出現した。2014年のトップ10は次頁のとおりである。

ここで特筆すべきはビル・ゲイツ氏である。マイクロソフト社を創業したことによって世界一の大金持ちとなったことは、まさに百姓から天下人となった豊臣秀吉と同様の大出世だった。

その他にも数多くのお金持ちが誕生し、多くの人々が尊敬の念を抱いたが、このことが意味することは、現代人が憧れるものはお金であり、事業やスポーツなどの成功者だったのである。

世界の富豪（2014 年）

順位	氏名	資産（10億ドル）	年齢	国籍	Source(s) of wealth
1	ビル・ゲイツ	76.0	58	アメリカ合衆国	マイクロソフト、カスケード・インベストメント
2	カルロス・スリム・ヘル	72.0	74	メキシコ	テルメックス会長
3	アマンシオ・オルテガ	64.0	77	スペイン	インディテックス会長
4	ウォーレン・バフェット	58.2	83	アメリカ合衆国	バークシャー・ハサウェイ会長・CEO
5	ラリー・エリソン	48.0	69	アメリカ合衆国	オラクルC.E.O.
6	チャールズ・コーク	40.0	78	アメリカ合衆国	コーク・インダストリーズC.E.O
6	デイビッド・コーク	40.0	73	アメリカ合衆国	コーク・インダストリーズ副社長
8	シェルドン・アデルソン	38.0	80	アメリカ合衆国	ラスベガス・サンズ
9	クリスティ・ウォルトン	36.7	58-59	アメリカ合衆国	ウォルマート
10	ジム・ウォルトン	34.7	65	アメリカ合衆国	ウォルマート

出典：ウィキペディア

日本の富豪（2014 年）

順位	名前	名前（漢字）	関連	主な業種	年齢	資産（10億$）	資産（億円）
1	Masayoshi Son	孫正義	ソフトバンク創業者	IT・通信	56	19.700	20,488
2	Tadashi Yanai & family	柳井正	ファーストリテイリング社長	衣料	65	17.800	18,512
3	Nobutada Saji family	佐治信忠	サントリー社長	飲料	68	11.200	11,648
4	Hiroshi Mikitani	三木谷浩史	楽天社長	インターネットサービス	49	7.700	8,008
5	Takemitsu Takizaki	滝崎武光	キーエンス創業者	電気機器	68	6.200	6,448
6	Kunio Busujima & family	毒島邦雄	SANKYO創業者	パチンコ	89	5.000	5,200
7	Akira Mori & family	森章	森トラスト社長	不動産	77	4.000	4,160
8	Masatoshi Ito	伊藤雅俊	セブン&アイ・ホールディングス名誉会長	小売	89	3.400	3,536
9	Keiichiro Takahara	高原慶一朗	ユニ・チャーム会長	衛生用品	83	3.300	3,432
10	Masahiro Miki	三木正浩	ABCマート創業者	小売	58	2.800	2,912

■武力と知力

日本の戦国時代は武力による領土の奪い合いの時代だった。そして多くの兵が組織化されて戦い合った。この時、人々の求心力となったのが奪った領土から得られる米だった。そして紆余曲折を経ながら、最後には徳川家康が天下を握った。実際に決着が付いたのは1614年から1615年に起きた大坂の陣であり、比叡山延暦寺の焼き討ち事件から44年後の出来事だった。

そして現在ではお金の奪い合いが起きているが、この時に使われたのは初期段階では主に知力だった。智慧やアイデアを製品化し、大量生産、大量販売を行った人がお金持ちとなったのである。それでもビルゲイツ氏の資産は8兆円程度にすぎなかった。金融戦国時代の最終段階では、国家とメガバンクとが結託して、デリバティブや国債など天文学的な数字に達する金融商品が創られたが、2015年はニクソンショックから44年後に相当するのである。

■何故、量的緩和が可能だったか？

「60年サイクルの歪み」の原因がデリバティブの大膨張にあったことはすでに述べたが、

暦の左右対象理論

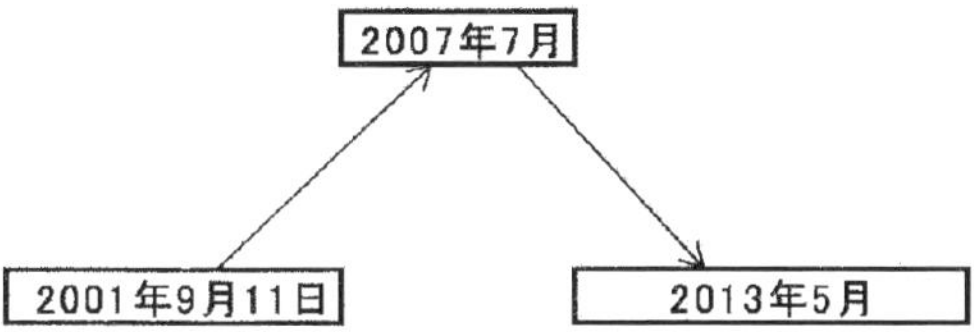

２０００年から２００７年までの残高の増加は実に凄まじいものだった。具体的には２０００年の約８０００兆円が、２００２年には約２京円、そして２００７年には約８京円に膨れ上がった。今から考えると、このことがＱＥ（量的緩和）を可能にした原因だったのだ。デリバティブの急増で生まれた信用を基にして、中央銀行が国債を買い付けることができたのである。

しかもこの時に「暦の左右対象理論」が応用できるようだ。これは実際に起きた大事件を参考にしながら、将来を予測する方法である。

そして今回は、最初に２００１年の９・１１事件が挙げられる。前述のとおり、この事件が金融大戦争の始まりを告げる出来事だった。また、２００７年７月は金融混乱の始まりであり、サブプライム問題が発生した。このことから読み取れる日時は、２０１３年５月であり、これはバーナンキＦＲＢ議長が、量的緩和の終了を宣言した時だった。

米国の３０年国債（月足）

■限界点に達した量的緩和

アメリカの量的緩和は、２０１３年５月に終了が宣言され、実際には２０１４年１０月に終了した。その時にも、世界の国債価格は史上最高値圏に位置していた。

具体的には上記のチャートのとおり、米国の３０年国債は、２０１２年に高値を付けながらも、この本を執筆している２０１４年１１月において、まだ暴落を免れているのである。

しかし価格の暴落は時間の問題とも言え、限界点に達した時に一挙に価格の崩壊が予想される。多くの人は、ナイアガラの滝の前で船上パーティーを開いているような状況でもあった。つまり誰も金融大混乱を予想せず、単に世界的な株高を喜んでいるが、このような状況こそケインズが指摘した「通貨の堕落過程では、１００万人に一人も実情に気付かない」という言葉そのものなのである。

■もう一つの刻限

「暦の左右対象理論」からはもう一つの刻限も読み取れる。それはリーマンショックを中心線にした時間の左右対象のことである。このことから理解できることは、２０１５年９月が注意すべき日時であり、考えられることは、この時までに金融のメルトダウンが進展し、金融界の大量破壊兵器と呼ばれるデリバティブが完全崩壊している可能性である。あるいは、この刻限までにハイパーインフレが終了している可能性でもあり、前述のとおりに、膨れ上がった国債やデリバティブの時限爆弾は崩壊を待つだけの状況となっているのである。

また、前述の２０１３年５月と今回の２０１５年９月の中間は２０１４年７月前後に相当する。この時に水面下で行われていたことは「第二のリーマン事件」に関して、できるだけショックを和らげようとする動きだった。

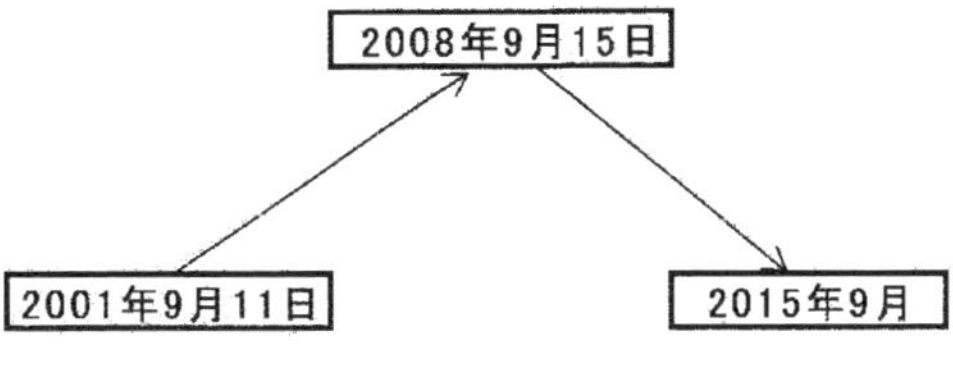

■第二のリーマン事件

10月7日のFT（フィナンシャル・タイムズ）で、デリバティブのルール変更についての報道があった。そしてISDA（国際スワップ・デリバティブ協会）が、10月11日に正式発表を行い、11月初めにも実質的な適用が行われる予定と報道された。

今回のルール変更には、大きな注意が必要だと考えている。その目的が約700兆ドル（約8・4京円）もの残高を持つデリバティブ（金融派生商品）に関して、第二のリーマンショックを防ぐこととも言われており、実質上はほとんど効果を持たない可能性が存在するからである。

より詳しく申し上げると、18の世界における主要な金融機関が、過去数ヵ月にわたり、複雑な議論を繰り返してきたとも報道された。「一部の金融機関の破たんが、その他の金融機関に悪影響を及ぼさないように協議が重ねられた」ともコメントされているのである。このことは、すでに破綻状態に陥っている主要金融機関の存在を推測させるとともに、今後の金融大混乱の予兆となるような出来事とも考えられるのである。

■金融システムの輪

現在の世界的な金融システムについては、当然のことながら「金融の輪」が形成されており、一つの主要金融機関の破綻が全体のシステムを崩壊させる懸念が存在する。そしてこのことが、２００８年のリーマンショックの時に危惧されたことだったが、実際にはゼロ金利政策や量的緩和（ＱＥ）などにより、問題が先送りされたのである。

別の言葉では、デリバティブ問題が一種の「飛ばし」のような状態になっており、「存在そのものがほとんど隠された状況」だった。約７００兆ドルの７割が「金利デリバティブ」なのだが、世界的な超低金利政策を実施することによって問題の発覚が押さえられてきたのである。しかし今回はこの点に関して、限界点が訪れたようにも思われるのである。

■金融大戦争の「冬の陣」

戦国時代の最終決戦は、１６１４年の大坂冬の陣で幕を開け、１６１５年の夏の陣で終了した。１５７１年から１６１５年までの４４年間を考えると、本能寺の変や朝鮮出兵、あるいは関ヶ原の戦いなど、実に多くの事件が起きている。この点を１９７１年から２０１５年に当て

これから、どのような事が起きるのか？

バブル崩壊 → 金融大混乱 → リフレーション → ギャロッピング・インフレ → ハイパーインフレ → デノミ → 通貨制度の変更

はめると、より壮大なスケールで世界的な大事件が起きた事も見て取れるのである。

具体的には、日本のバブルとその崩壊やソ連の崩壊であり、また、９・１１事件や３・１１の大震災などだ。やはり、これほどまでの大変化の時期は、８００年に一度の東西文明の大転換期にしか考えられない状況とも言えるようだ。

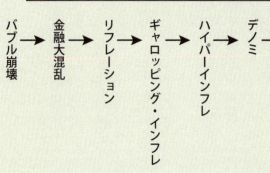

そのため今後の数ヵ月間に、歴史上未曽有の規模で大変化が起きることを想定しているが、それは次の順番のことである。

２００７年のサブプライム問題の時に、デリバティブバブルの実質的な崩壊が起き、翌年のリーマンショックが金融大混乱を意味していた。その後にＱＥ（量的緩和）という名のリフレーション政策が実施されたが、この期間が実に長かった。換言すると、紙幣の増刷が徐々に行われながらも、まだ大インフレが始まっていない段階だったため、ほとんどの人は現状理解ができなかったのである。この点については、今後「第二のリーマン事件」が起きた時に、はっきり理解されるものと考えている。

■絆のメカニズム

このように「お金の謎」と「時間のサイクル」についてはほとんど解明できたものと考えているが、残された謎は「心のメカニズム」である。そのために今回は「絆」の意味を考えることにより、心の謎に迫っていきたい。

　基本的にはお金の謎を考えた時と同様に、無人島の一人から始めて、その後、二人、三人と、人数が増えていく時に、どのような変化が起きるのかということが重要なポイントであると考えている。そして、この解明には少なくとも数年間という時間が必要と思われる。この点が深く理解できた時に、人々の苦悩はどのようにして発生するのかという心の謎について、大きな前進ができるものと考えている。

　それでは最初に、絆について考えてみたい。そしてこの点については、上の図のとおりに、「A」と「B」との人間の間で、心の方向性（心指し）がお互

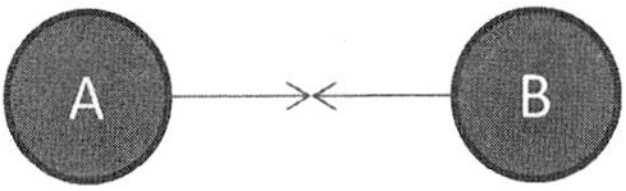

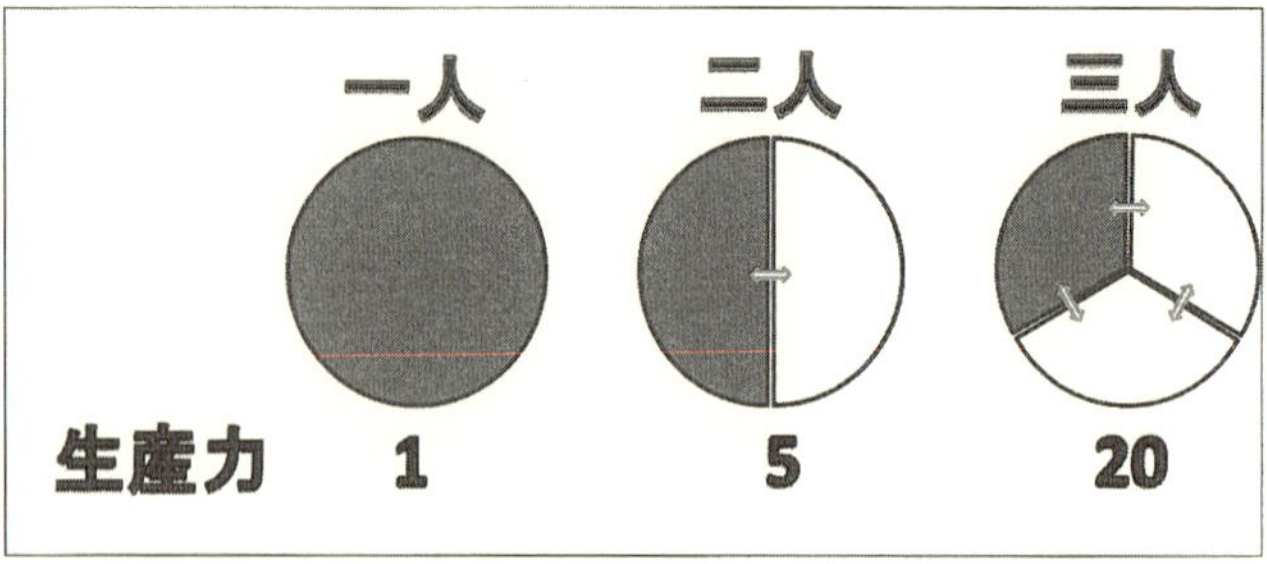

いに向き合っている状態が、「糸の半ば」を意味する「絆」が出来上がった状態である。別の言葉では、お互いが信じ合った時に絆が生まれ、信用が生まれるということだが、この点を無人島の住人で考えると、次のような展開が考えられる。

■生産性の増加

具体的には、無人島で一人の住人が存在し、魚を取ったり、木の実を取ったりする場合のことであり、この時には一人で全てのことを行う必要がある。そしてこの時には、全ての状況が理解できるものの、分業ができないために、1の生産力しか存在しない。この時にもう一人が加わり、二人の住人になると、生産力は大きく増加し、一人あたりの生産力も上昇する。経済学的には生産性の増加を意味する。

ただし、この時に起きる変化は、自分の仕事である魚取りは理解できるものの、もう一つの仕事である木の実の採取については、

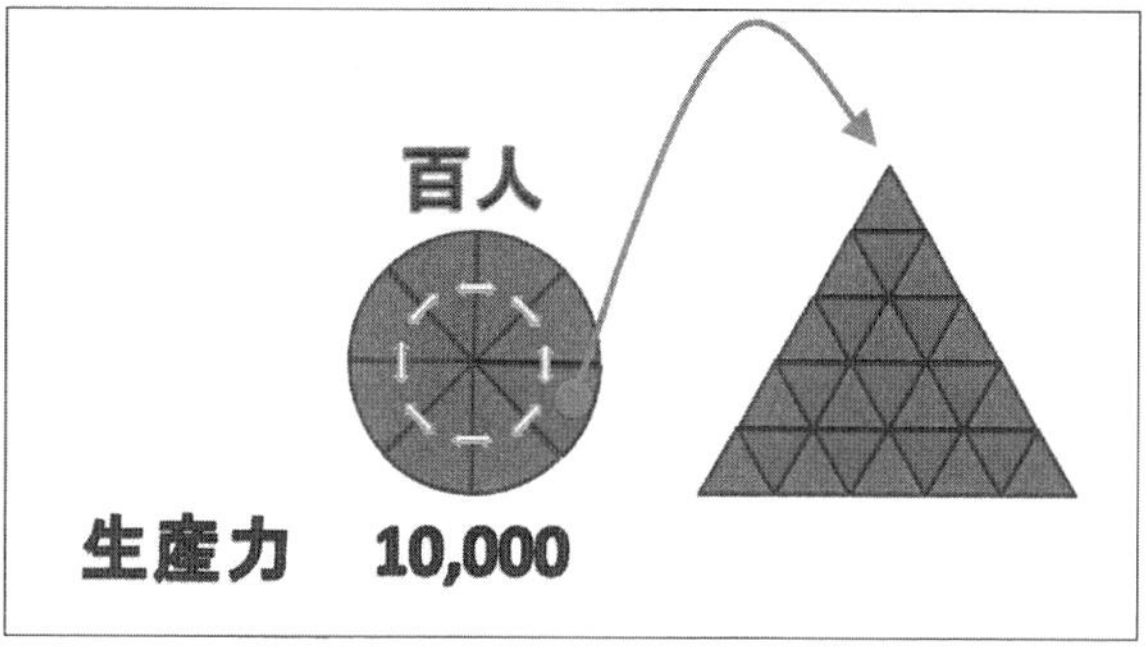

「盲目の状態」になるということである。

つまり、信用の裏側には「盲目」が存在し、この時にもう一人が加わって三人になると、この度合いがさらに強くなる。分業体制の進展により、生産力は20にまで伸び、また、一人あたりの生産力も「20÷3＝6・66」まで伸びるものの、一方で、他の分野への理解度が減少する計算になる。

■経済成長と組織化

経済成長が意味することは、人々が結びつき、信頼感を以て組織的な分業体制を作り上げることであり、この点については戦後の日本経済がその典型例だった。

そしてこの時に、「ヨコの絆」から「タテの絆」への変化が起きた。すなわち組織化であり、身分や階級などが生み出される。つまり組織においては命令や指示、あるいは従属が必要不可欠なものになり、このことがタテの絆（結びつき）が意味することである。

100人の集団を考えると、生産力は大幅に増加し、ピラミッド型の組織が形成される。このことは、農業を基本にした初期の文明だけでなく、戦後の日本経済においても、同様の発展を辿ったが、現在では、過去20年間、GDPの成長は実質上ストップした状態である。そしてマネー経済だけが大膨張し、経済の金融化が起きたが、これからどのような事が起きるのかということをを考えた場合に、人々の心の方向性がどのように変化するのかを理解することが、遠回りのように見えて実は近道であるとも考えている。

そのために、今回は基本的な構図だけを説明させていただくが、この時に重要な点はお金の「力による支配」と「畏敬の念による支配」との分類である。つまり、組織や集団がどのようなメカニズムで拡大するのかということだが、実際には求心力という組織メンバーの心の方向性が重要である。

つまり、内部に属する人々の心の方向性が同じになった時に、最も大きな力を発揮するということであり、その時に組織や集団は外部に向かって規模が大きくなる状況が想定されるのである。

未来予測への挑戦　――あとがきにかえて

■天の計らい

投資の世界に入って今年で３８年目になるが、今までの推移を振り返ると実にダイナミックな変化が起きていたことが理解できる。例えば日本のバブル崩壊やソ連の崩壊などであり、また、いつの間にか西洋の時代から東洋の時代に変わりつつある状況である。そして、この時に思い知らされたのが「人智の限界」と「天の計らい」だった。具体的には、既存の経済理論でほとんど現状説明ができなくなっている事実であり、現在の世界が悠久の歴史の中で大きな流れに沿って動いていている可能性のことである。

私の想定よりもはるかに大きな規模でマネーの大膨張が起きたが、このことも結局は文明法則史学が教えるとおりの動きだった。つまり約８００年にわたって継続した西洋の時代が終焉し、今後の８００年間が東洋の時代になるための、それは必要条件だったのである。

現在の信用本位制が崩壊した時に大きな金融混乱が起き、結果として既存の常識も崩壊する。この点を人智で考えると、なぜこのような状況が必要だったのかと考えざるを得なかった。

そのために、過去の歴史を検証しながら、どのような時に世の中の大転換が起きたのかと熟慮せざるを得なかった。結論としては、凝り固まった人々の常識を変えるためには大きなバブルの発生が必要だったのである。明治維新や第二次世界大戦の時と同様に、あるいはそれ以上の規模で大きな変化が起きない限り、数百年にわたって築きあげられたマネーに対する信仰心が崩れなかったのである。

つまり、西暦４００年前後の西ローマ帝国や西暦１２００前後の宋と同様に、人智では予測ができないほどの異常な事態を発生させることが、天の計らいだった。別の言葉では、現在の世界の金融情勢は、これほどまでに複雑怪奇な様相を呈しているが、間もなく本当の金融大混乱が始まることにより、本格的な文明の大転換が起きることが予想されるのである。

このような状況下で、自分自身はどのような選択をし、どのように行動するのかを問うことが、私自身の今までの人生だった。そして、還暦の歳を迎えた現在、たいへん幸せだったと感じるとともに、何が本当の豊かさなのかということを改めて考えざるを得ないのである。

どのような人間も裸で生まれ、裸で死ぬわけだが、人生の価値を考えた時に、何が本当の財産なのかと考え続けてきたのだった。命の尊さについても長い間考えてきたが、現在ではある程度理解できたようにも感じている。

■永遠の生命

「人間は、二度死ぬ」という考え方がある。最初が肉体の死であり、二度目が人々の記憶から消え去る時だそうだ。そして、この二度目の死についてもいろいろな段階があるようだ。イエスや仏陀のように、決して人々の記憶から消えることなく永遠の生命を得た人に始まり、ほとんどの人がそうであるように、家族や知人がすべて亡くなった時に人々の記憶から消え去る人まで存在する。

しかしこの時に大切なことは、名を残そうとして生きるのではなく、先日亡くなられた山崎豊子氏や江戸時代の葛飾北斎などのように、死ぬ間際まで自分の仕事に邁進する生き方を貫いた人こそが、イエスや仏陀に近づくことができるのである。仏教の教えによれば、成仏という言葉のとおりに、努力をすれば誰でも仏陀になることができる。このことは、常に自分を高めようとする態度を貫いた人のことを意味している。

９０歳で亡くなった葛飾北斎は死の間際に「天が私に、あと5年の寿命を与えてくれたなら本物の絵師になれた」と述べている。大切なのはこのような人生である。そして、輪廻転生の生まれ変わりを繰り返すことにより、徐々に仏陀やイエスの境地に近づくことができるようだ。これらのことは、現在のような「お金が神様になった時代」では非科学的な意見とも考えられている。

ただし、昨年の伊勢神宮の式年遷宮や出雲大社の遷宮を見て、多くの人が自分の人生について真剣に考え始めた可能性を感じている。ようやく、お金儲けだけが人生の目的ではないと認識し始め、歴史や神などについて勉強し始めるとともに、本当の生きがいを模索し始めたのである。つまり、楽しい人生を考え始めたようだが、私の経験から言えば、自分の好きなことに邁進しているときが楽しく、また、楽な時間である。あるいは、自分の仕事に熱中し、結果として顧客からの感謝や利益などが得られた時に、本当の満足感を味わうが、結局はこのような人生を何度か繰り返した時に、「永遠の生」が見え始めるものと考えている。

■天の母

中国の明代に王陽明という著名な儒学者が存在した。彼の人生観は「いかに喜び、いかに怒り、いかに哀しみ、いかに楽しむか、ということが人生のすべてである」ということだった。つまり喜怒哀楽が重要だと考えていたが、この点には更なる解説や理解が必要であり、喜びにも「人智」という自分自身の受け止め方と、「天意」という神や自分の母親はどのように思うのかという、二つの受け止め方が存在するという。

事業での成功や、会社で地位上昇の時には、ほとんどの人が喜び、浮かれた状態になるが、仮に、亡くなった母親があの世から自分の姿を見るとどのように感じるのだろうかと考えると、別の受け止め方も存在するのである。

長い人生においては、良い事の後に悪いことが起きるという点を心配し、反対に、苦労や悩みを経験している時は、自分自身は大変だと感じながらも、天の母親は人間的に成長する時期として安心して眺めている状況だとも考えられるのである。

そして、このことを現在の日本に当てはめると、「失われた20年」の後に大震災や大津波、あるいは原発事故や未曽有の国家債務、そして史上最速の少子高齢化時代の到来など、人智で考えるときわめて危機的な状況にあるが、天意から考えると別の考えも存在する。つまり、これほどまでの試練が、現在の日本人に与えられていることには、大きな意味が存在する可能性である。

これからの大混乱の時期を乗り越えた時に、日本人が今までにないほど大きく成長している可能性である。現在、我々に必要なことは現実を直視して徐々に問題を解決することである。問題の存在を明らかにしながら、全員で解決策を考え実行する態度に変化した時に、本当の意味で新たな時代が幕を開けることが予想されるのである。

■二種類の教え

先日、ある所で「二種類の母親」の話を伺った。それは、水道工事に従事している人を見た時の母と子の対話だった。最初の母親は、「ほら見てごらん。あの人たちが一所懸命に仕事をしてくれるから、私たちは安心して水を飲めるのだよ。あなたも感謝しなさい」というものだった。もう一人の母親は、「ほら見てごらん。一所懸命に勉強しないと、あなたも将来はあんな姿になるのだよ」というものだった。

そして、私自身がこの話を聞いた時に感じたことは、「日本の失われた２０年」の原因は、この点にあるということだった。現在では、多くの母親が子供に対して、良い学校を出て大企業に就職すれば一生は安泰だという価値観を植え付けている。このことは子供の適性を考えずに、大企業に入って高い給料を貰う事が人生において最も素晴らしい事であるという考え方による。

一方で、水道工事の人々に感謝する母親は、職業に貴賤はなく自分に与えられた仕事は一所懸命に責任を果たすことが大切だという価値観を教えてくれている。つまり、仕事の目的が高給というお金なのか、それとも毎日の仕事に打ち込み人々に喜んでもらう事なのかの違いがこの話から理解できるが、本来の日本人は「一灯照隅」という言葉のとおりに、自分の与えられた境遇でまわりの人々の役に立つという価値観が最も素晴らしい事であると考えていた。

しかし現在では、仕事の内容や満足度よりも、結果として得られる報酬だけに目を奪われ、結果として、詐欺事件までもが横行する社会が生まれてしまった。あるいは、他人のことを考えずに、自分の利益だけを考える人が増えた結果として、たいへん住みにくい社会に変化したが、実は１６００年前のローマ時代にも、似たような状況が発生していたのである。

当時のローマでは、多くの人が大都市での座業を望み、また、パンとサーカスという言葉のとおりに飽食と娯楽に明け暮れていた。そしてその後に起きた事は、財政破綻と大インフレだった。今後の日本についてもたいへん危惧すべき状況だが、前述の二種類の教えを理解し、人々の考え方を変えることが最も早い解決策とも言えるのである。

■四種類の徳

世の中には、「四種類の徳」が存在するそうだ。最初が「人々の苦しみを救う徳」であり、これは飢餓や貧困などの苦しみから人々を解放する行為である。今から100年ほど前の世界では、先進国の人々が望んでいたことは食料不足の解消だった。この点は、現在でも多くの発展途上国が悩まされている状況である。

そして二番目が「人々に喜びを与える徳」である。新たな発明、発見などによって、より快適な人生を送ることを可能にする行為である。これは、さまざまな技術革新により、過去100年間で、世界の生活水準が大きな変化を遂げた。三番目は「人の喜びを、我が喜びとする徳」だそうだ。これは自分の家族が受験で成功したり、会社で昇進したりした時に、自分のことと同様に喜ぶ状態を表している。

別の言葉では、「人類は皆兄弟である」というような考えを持つことだが、例えば自分の息子が結婚して孫が生まれ、新たな家族が増えたというような喜びを他人に対しても抱くことである。

しかし現代社会においては、家族間の争いが起きるとともに、他人を蹴落としてでも自分の成功を考える人が増えている。しかも現在では、世界的な金融コントロールまでもが発生しており、いろいろな分野でさまざまな対立関係が起きている状況とも考えられるのである。

ほとんどの人が自分の利益だけを考えるような社会となった結果として、世界全体の金融システムが崩壊しかかっている。そして、本格的な金融大混乱が発生し、焼け野原の状態になった時に、初めて対立の恐ろしさが理解され、四番目の「私利私欲を離れる徳」を持つ人が増えるのである。これは、他人からの称賛や自分の利益を忘れて、本当の「忘己利他（もうこりた）」を実践できる人のことである。想定される金融大混乱については、神様となった現代のお金が、普通の人になるほどの意識変化を引き起こす規模になるようだ。

■アマテラス

先日、坂東玉三郎と鼓童が共演した「アマテラス」を鑑賞した。内容的には、日本人の誰もがご存じの「天の岩戸開き」の話だった。舞台の素晴らしさに感銘を受けただけではなく、いろいろな「想い」が、私の胸に去来した。実は、鼓童の公演を観るのは、生まれて初めてのことで、この点に不思議な感じを抱いたのである。

鼓童の前身とも言える「鬼太鼓座（おんでこざ）」が誕生したのは、今から43年前の1971年だった。私が生まれた町に、突如として若者の集団が集まってきたという状況だったのである。

当時は、なぜ多くの若者が太鼓をたたくことに人生をかけるのかという感想を抱きながら、ある種の冷たい眼で彼らを眺めていた。その後の43年間を振り返った時に、今回の「アマテラス」には、たいへん大きな意味が存在するとも感じた。1971年から現在までという期間は、表面上の経済繁栄は実現されたものの、人々の精神面においては暗黒の時代だったからである。

つまり、スサノオが意味することはマネーの大膨張であり、多くの人が経済的な成功を求めたのがこの期間だったが、結果として起きたことは自然破壊であり、多くの人々が大きな不安や恐怖心を抱く社会の誕生だった。そしてこの間に、伝統や文化を追い求め、一種の時代遅れだった鼓童が、いつの間にか世界的に認められるほどの存在となり、多くの人々に感動を届けるほどの集団になったことにも、たいへん不思議な思いを抱いたのである。

換言すると、世の中で起きることには偶然はなく、全てのことに大きな意味がある。このことを改めて、感じさせられたのが、今回の「アマテラス」だった。仮に、現在がスサノオが大暴れする暗黒の時代の終焉の時期であり、再び、「天の岩戸開き」が起きるとすると、この時の必要条件は現代のお金に対して、世界中の人々が大きな不信感を抱くことである。

そして、デリバティブや国債市場が崩壊し、人々が混乱状態に陥った時に求め始めるのが、

４３年前の鬼太鼓座の若者たちと同様に、伝統や文化、あるいは歴史的な遺産であり、また、かつてのような人々が助け合う社会である。

本間　裕（ほんま　ゆたか）

1954 年　新潟県生まれ。
1977 年　東京外国語大学卒業後、大和証券入社。
1983 年　ロチェスター大学経営大学院修士課程（MBA）修了。
その後、アメリカ大和、大和香港、本社エクイティ部で株式担当を歴任。
2000 年 5 月　同社退社後、投資顧問会社の代表取締役に就任。現在、（株）テンダネスの代表をつとめる。

1999 年から、日本証券新聞に「本間宗究」のペンネームでコラムを連載中。西洋学と東洋学、そしてマネー理論を総合した「本間理論」にもとづく現代分析と株式予想が好評を博している。1997 年の「信用収縮」や 2000 年の「インターネットバブル崩壊」、そして 2001 年の「9・11 ワールド・トレードセンタービル事件」、2007 年からの「金融大混乱」などを、ズバリ予測した。著書に『マネーの逆襲』（白順社）、『マネーの原点』（マルジュ社）、『マネーの精神』（社会評論社）、『未来予測への挑戦』（白順社）などがある。

金融大地震とインフレの大津波
未来予測への挑戦（Ⅱ）

2015 年 1 月 14 日　初版第 1 刷発行
2015 年 4 月 18 日　初版第 2 刷発行

著　者――――本間　裕
装　幀――――桑谷速人
発行人――――松田健二
発行所――――株式会社 社会評論社
東京都文京区本郷 2-3-10
電話：03-3814-3861　Fax：03-3818-2808
http://www.shahyo.com
組　版―――― Luna エディット .LLC
印刷・製本――倉敷印刷株式会社

Printed in japan